柳絮《りゅうじょ》舞い散る街・長春で

私のセカンドステージ

建石一郎

論創社

はじめに

『ラストエンペラーの居た街で』を出版してから、二年近くが経った。その間、私は何をしていたのだろうか。

活字離れが激しくなったとはいえ、まだ多くの本は書店をにぎわしている。しかも、人気なのはハウツー物と呼ばれている本である。私のようなノンフィクション本はなかなか読まれそうもない昨今である。それでも、読まれることを期待して、次作へと向かって歩んでいるのが現実である。

『ラストエンペラーの居た街で』を出版した年の一二月の初旬、日本シルバーボランティアからの要請に従って、ミャンマーのヤンゴンにある日本語学校へと赴任した。これが五度目の海外での教師生活である。ところが、ヤンゴンに到着して一か月もしないうちにパラチフスという感染症に罹ってしまった。発熱と下痢に苦しみながら授業は続けたが、ヤンゴン第一医科大学の名誉教授でもある担当医から、「このままここに居ると、数週間で再発します」と言われてしまった。治りかけても又再発するというのだ。感染理由は巷のレストランでの水か食事であるという。いずれにしても衛生環境の悪い現状では、再発は必定とのことであった。私はこの現状を日本シルバーボランティアに報告した。同時に、帰国はやむなしと判断した。日本シルバーボランティアでは、極力現地で回復して、活動を再開してほしいとの要望であったが、担当医の診断結果を踏まえて二月の初旬に帰国した。

帰国途次の旅客機の機内では、血圧が二〇〇を超える状況にもなってしまった。おかげで帰国してからはしばらく体力と精神力の回復に努めていた。とは言っても、帰国した以上は『ラストエンペラーの居た街で』の続編を書きたいという思いに駆られた。それは、中国で出会った諸先生や学生たちに対する感謝の気持ちでもあった。古い日記を取り出しながら、記憶を追いかけて作品をつづった。ずいぶんと時間がかかってしまった。それでも、なんとか書き終えた気がした。

書き終えるといつもながらの不安と否定的な評価を自分に下してしまう。結局、一人でも多くの読者と出会えるかが問題であり答えである。

日本語教師としての中国での活動を報告する。同時に、日本と中国の新しい地平を切り開く力になればと期待している。

中国での現状は、マスメディアによる情報とはかなり異なるかもしれない。しかし、中国の人々と出会うことによってしか、本著も生まれなかったことは事実である。

柳絮舞い散る街・長春で――私のセカンドステージ　目次

はじめに　i
中国、長春に戻る　2
最低気温マイナス一九度　最高マイナス一二度　16
小島順子さんと再会　22
二学期の授業が始まる　27
長春市図書館へ行く　29
留学生のうつ症状　33
黄砂が襲う　37
日本文化祭の準備　41
黄砂と国旗掲揚　52
旧満蒙開拓団の一地域の阿城へ行く　61
阿城区内を見学する　73
授業の間にもいろいろ　77
朝から鳥のようにビニール袋が空に舞う　89
後期中間テストと旅行計画　91
妻を迎えに長春国際空港へ　94
メーデーの日、集安へ向けて出発する　101

趙治さんとお父さんの迎えを受ける　105
高句麗広開土王の石碑や陵を見る　109
鴨緑江を挟んで北朝鮮の生活を垣間見る　115
趙治さんの家族に見送られ集安を発つ　126
家家楽スーパーから農大市場へ　136
候蕾さんと浄月潭へ　141
妻の帰国　150
農大市場へ買い物　153
東北師範大学図書館へ行く　159
四年生の卒業論文「七三一部隊とは何か」　165
牡丹公園から新民大街へ行く　170
お別れ餃子パーティーが行われた　186
長春国際図書館学術会議に参加　197
我孫子先生の招待で呂先生たちと会う　203
このところ三〇度を越す暑さ　215
猛暑の中、呂先生と満洲作家調査　218
学年末テストが始まる　236

帰省しない学生たちと吉林市へ　239
松花江の岸辺を散歩する　255
あとがき　269

柳絮舞い散る街・長春で——私のセカンドステージ

東北師範大学人文学院校舎

東北師範大学人文学院の門壁と学生たち

中国、長春に戻る

東北師範大学人文学院での前期の授業が終わり、帰国してからの一ヵ月の冬休みは意外に短かった。

四週間前、中国の長春国際空港から一時帰国で成田国際空港に降り立つと、何となく不思議な感じがした。そこには住み慣れたという安心感より落ち着かない気持ちであった。まるで故郷を失った人間の、居場所のない世界に降り立ったような感覚だ。しかし、日本での生活が始まり数日が過ぎると、中国での出来事が何事もなかったように忘れていった。いままでが夢の世界での出来事と言うよりも、記憶が定かでない不安定さである。それなのに、また中国へ戻る日が近づくと、今度は逆の心理状態になって再び落ち着かなくなった。いったい自分はどこにいるのだろうか、いや、どこへ行こうとしているのかと地に足がつかない気持ちであった。

現実に、中国に戻るのだと実感してきたのは、出発のための荷物を詰め始めてからであり、家族に送られて成田国際空港に来る車中であった。「よし、また出発するのだ」と自分を鼓舞していた。

十二時一五分私は出国手続きのために家族と別れの挨拶をした。

「元気でいればいつでもまた会えるね」

「そうね。元気でいてくださいし。問題はあなたなのだから」

妻はいつもと変わらぬ表情でそんな軽口などを叩いていた。

「お父さん、体に気を付けてね」

妻と娘夫婦が見送りの手を振るなか、手荷物検査へと私は進んだ。私の気持ちはすでに長春へと向かっていた。

出国手続きを済ませ、少しばかり買い物をした。それは日本とのお別れの挨拶みたいなものだ。それから搭乗口ロビーへ向かった。搭乗口ロビーに着くと、同乗予定の若い同僚の先生に会った。彼女は私を見ると、安心したのか笑顔を見せながら「実感の乏しい間に冬休みが終わってしまいました」と元気に言った。中国にいたときは、一日がとても長く感じたものだ。それなのに帰国後の生活は飛ぶように終わってしまった。お互いにそれを実感していた。

搭乗時間を待っていると「先生！」と後ろから声をかけられた。振り向いてみると、ワシントン大学から東北師範大学の大学院に研究生として来ている小島順子さんであった。

「どうしたのですか」

突然の出会いなので、驚いて私はそう訊ねた。彼女は満洲文学研究のため、まだ長春市に残っているとばかり思っていたのだ。

「姉が癌で亡くなりました。葬儀のために帰国したのですが、葬儀も終わったので長春に戻ります」少し沈んだ顔になって話した。それから更に、ご主人もシアトルから来て、すでにシアトルに帰って行ったと言う。それから呟くように言った。

「癌ということで、死期は分かっていたのです」

そして、少し涙ぐみながら「本当は長春に戻りたくありません。シアトルに帰りたいのです」と胸の内をあかした。

「小島さんのお姉さんならまだお若いですね」

なんと慰めてよいのかもわからないまま、私は訊いていた。

「はい、姉は三八歳です」

再び長春へ帰ることに気持ちの不安定さが込み上げてきたのか。「シアトルに帰りたい」とまた漏らした。

沈みきっている小島さんを私はどう話しかけてよいのかわからない。

「長春に戻ったら、呂先生たちと一緒に食事会でもしましょう」

そう言ってみたが、彼女の応えは返ってこなかった。

彼女とはそれだけで話は終わってしまった。

機内に入ってからは座席が遠く離れていた。それで話も出来なかった。私は疲れていたので、機内の中ではうつらうつらと眠ってしまった。隣の席に坐った若い日本語の先生も朝が早かったようで、殆んど眠ったまま長春国際空港に着いた。

到着すると成田国際空港を飛び立ち、日本の上空にいるときに感じなかった意識の変化を味わった。それは日本にいたすべてを忘れて、すっきりと中国の人になっていたことだ。まるで四週間の日本滞在が夢のなかに置き忘れてしまったかのようだ。今は長春に居ることだけが現実で、長春国際空港に降り立っている一人の人間であった。

飛行機から降りて「入国手続き」を済ませ、荷物を受けとった。大学から事務室の孫さんと運転手が迎えに来ていた。「ありがとうございます」と二人に感謝の言葉を伝えて、私たちは駐車場まで行き荷物を車に乗せた。ふと気がつくと、小島さんとは挨拶もしないで別れてしまった。「一緒の車に乗ってもらえばよかったかな」と若い日本語の先生に話しかけると、「師範大学で別に迎えに来ていると思いますけど」と返ってきた。それで「確かにそうか」と思い直した。小島さんも私たち同様に挨拶も忘れるくらい、先を急いでいたのかもしれなかった。

私たちの乗ってきた飛行機は大分遅れて到着した。運転手はその遅くなった時間を取り戻そうとして、スピードを上げて高速道路を疾駆した。一般道に入っても同じであった。運転手の努力の勢か、三〇分ほどで大学の宿舎である公寓《こうぐう》に着いてしまった。

公寓は久しぶりの我が家と言えた。出かけたときと同じ状態の部屋に荷物を運ぶ。荷物を開けるのもソコソコに、前期お世話になった河本先生と我孫子先生のところへ「帰国」の挨拶に行った。まずは、当大学で一一年目を迎えようとしている河本先生のところを訪ねた。

「我孫子先生が南湖公園の春節花火大会に行きたいと言っています。食事はその後で一緒に取りましょう。三〇分後にロビーに集る予定です」

ドアを開けると、挨拶もそこそこに河本先生が私に言った。そう云えば今日は「春節」である。それで空港から市街に入った途端に、爆竹の音が鳴り響いていた。爆竹の響く理由がなぜなのか今まで気がつかなかった。これで納得が得られた。私は了解して河本先生の部屋を出た。我孫子先生のところはロビーに集まった時に帰国の挨拶をすることにした。

三〇分すると、いつものようにみんながロビーに集まった。

「先生、お帰りなさい。お元気そうですね」

私の顔を見るなり、我孫子先生のほうから声を掛けてきた。我孫子先生は奥さんの実家の青森からいち早く夫婦で戻られていた。中国人の我孫子先生は、日本人と結婚していた。

「父のところにも行かないといけませんから、そう長く日本に居るわけにもいきません」

私が訊くより早く、そう話を続けた。

我孫子先生は、長春市内に住む父親のところにも帰国の挨拶に出かけ、兄弟にもすでに挨拶を済せていた。長春市はなによりも家族の居る故郷である。

懐かしさは大学の構内だけでない。我孫子先生の奥さんも加わって四人揃ったこともまた懐かしいことであった。

私たちは大学の門の前でタクシーを拾って乗り込んだ。我孫子先生は奥さんが傍にいるのでとても明るい。運転手に話しかけるのはいつものことだが、声が弾んでいる。南湖公園へ着くまでもなく、街中に花火や爆竹の音が響き渡っていた。街中どよめいている感じである。タクシーの前から後ろから、街角や店先の通りから花火が上り爆竹が鳴った。マンションの屋上からも花火が顔を出し「ドーン」と音をとどろかせていた。花火の上がる多さは誰もが自由に花火を打ち上げている証拠である。

「正月の期間中に打ち上げられる花火の、一家族の平均出費は一三、〇〇〇元とのことです」

我孫子先生はテレビ報道を即座に教えてくれた。

「もっとも、お金のある人は花火をたくさん買い込むし、会社でも買い込むので、一家族にすると、という条件付ですが」

我孫子先生はそう言いながら、「それでもそれに近い金額を支払っても花火や爆竹は「年」という「厄」を祓うための費用である」と続けた。

南湖公園まではいつになく車が混んでいた。「夜八時ごろになると車が通れなくなります」とは運転手の話である。それほど人が南湖公園に集まってくるというのだ。まだ六時前だというのに南湖公園前は、人と車の流れが停留しているように動きが鈍くなっていた。公園内には赤い提灯が足元を照らすために飾られていた。その提灯の右側には布で出来た大きな張りぼて人形が、中に入った電灯で色鮮やかな姿を形作っていた。一人二〇元の入場料を支払って会場内に入った。赤い提灯が頭上に飾られた通路を湖岸の道へと見物客を導く。家族連れが多い。勿論、友達同士も居れば、恋人同士も居て、色とりどりの張りぼて人形や動物の前に立ち止まっては、しきりと写真を撮っていた。何しろ人があふれ出したように多い。それでも人の流れに押されて前に進んでゆく。ところが入り口は一つだけではなかった。別の入り口からもこちらに向かって人が入ってくる。たちまちお互いが道を譲らなくなり、ぶつかり合ってしまった。

「今の時間でこんな状態なのだから、花火がけたたましく上がるという八時ごろには、一体どうなるのだろうか」と要らぬ心配をした。張りぼての多くは「龍」である。天上へと駆け上り、駆け下りることの出来る「龍」は中国人にとって大切な存在なのだ。湖上ではスケート場が作られて滑っている人影が黒く見えた。殆んど湖岸通路は幕で覆われているので、前を向いて歩いていては湖上を見ることができない。それでもスケート場への入り口で、別料金を取っている。そこからは暗い明かりの中で滑っている人達の動きが映って見えた。私たちは一通り歩いて、時折、我孫子先生の写真に納まった。僅かな見物時間であったが、会場の外に出ることにした。私たちが会場の外に出ると、新たに会場内へと向かう人達が、公園の外に溢れていた。長い列があるわけではない。ともかく入り口が見えないほど人が押し寄せ溢れていた。これでは公園周辺も車の数が更に多くなり、駐車することは絶対できない。なんとかタクシーを拾って乗ろうと、公園の通りを先へと向かった。すると運転手が手招きした。「早く乗ってください」という。私たちは勧められるままにタクシーに乗った。乗ったと言うより、押し込められたというほうが正しい。

「ここへ車を停めると公安に咎められる」

私たちが車に乗り込むと、運転手がそういった。南湖公園の脇の道をタクシーは走った。夕食は我孫子先生推薦の「楊麻子大餅酒店《ヤンマーズダーピンチュウディエン》」である。南湖の暗い道をしばらくタクシーは走り続けた。

「楊麻子大餅酒店」の入り口が見えてきた。すると私には「楊麻子」という看板の字が「楊藤子」に見えた。理由は分からなかった。店内の席について、改めて広い店内を見渡した。そして「藤」と読んだのは「麻」であることが分かる。目が疲れていたのだろうか、そんな話を河本先生に話した。河本先生は何を思ったのだろうか、すかさず説明し始めた。

「麻子とは痘痕（あばた）という意味です。ですからこの店の最初の主人は『痘痕の楊さん』と言われていたのでしょうね」

私の背後にはこの店の由来が書かれた額が飾られていた。既に一三〇年以上も続いている店である。食事の注文は河本先生と我孫子先生がメニューを見て選んだ。相変わらず私には何が美味しいのかメニューでは分からない。ビールが出てきたところで乾杯をした。ビールを飲みながら「あばた」の話から麻婆豆腐にまで及んでいった。二人の話はビールでの酔いもあり麻婆豆腐は「あばたの婆さんの作った豆腐」ということになってしまった。

「日本に戻ったときに、『あばたも笑窪《えくぼ》』について日本の学生たちに聞いてみました。でも『分かりません』と返ってきました。今ではこんな諺すらも知らない大学生がいるのですね。学生たちは皆そんな年頃なのに」

我孫子先生の笑いとも苦情ともつかぬ話が続いた。やがてそんな話から話題が広がり、みんなで笑いながらの食事会となった。「春節愉快《チュンジェユークァイ》」ということなのだろう。

一夜明けて、長春での生活が本格的にまた始まった。昨日、長春国際空港に着いたとき「温かい」と感じたとおり、予期していた寒さは今朝も感じられない。空が曇っているせいなのだろう。それでも我孫子先生のところへ挨拶に行ったとき「今日は0度ですよ」と嬉しそうに伝えてくれた。マイナス二〇数度の寒さを期待していたわけではない。何となく天気に裏切られた気分になった。このまま春になるというなら「長春の春は短いです」といっていた学生たちの言葉は何なのだろうか。いずれにしても今朝の温かいことは事実である。しかも寒いよりはマシである。

食事も取らずに部屋を出て研究室へと向かった。教職員棟の三階のところで朴《ぼく》学院長に出会った。挨拶をすると、学院長は気を利かせたのか、共《きょう》先生のところへ一緒に行きましょうと言った。朴学院長と共先生の部屋の前に着く。すると朴学院長は「どうぞ」と私を促して、先に部屋に入ることを勧めた。二人が一緒に入って行ったので共先生は驚いて、慌てて椅子から立ち上がった。

「お帰りなさい」

笑顔の中に緊張感を浮かべて共学部長は机から離れて私たちに近づいた。それから朴学院長になにやら話しかけていた。私も挨拶を交わすが、共先生にと買ってきたお土産を手にして一瞬考えた。朴学院長に知らん顔もできない。咄嗟の判断で共先生のお土産をまず、朴学院長に渡した。朴学院長はうれしそうに喜んでくれたが、共先生に気遣って、それを共先生に渡そうとした。

「どうぞ、学院長がお受け取りください」

共先生は受け取ることも出来ずにそう言って、手にしなかった。私は直ぐに共先生から頼まれていた「通訳」に関する五冊の本を取り出して共先生に見せながら渡した。

「お孫さんへのお土産です」

さらに別の袋に入れていたお孫さんへのみやげ物を渡した。共先生は「ほほっ」と言って笑顔になって朴学院長に言った。

「孫へのお土産を貰いました」

土産袋を朴学院長に見せると、更に本を見せて説明していた。朴学院長も満足そうに笑顔を絶やさずに、共先生の話を聞いていた。私の方は咄嗟の判断で「仕方がないか」と思いながら、二人のやり取りを観ていた。朴学院長は忙しいのか本を見終わると帰られた。私の方は、「久しぶりの日本はいかがでしたか」と訊く共先生と日本の話をしてから研究室へと戻っていった。

研究室は一月前と何も変わらない。窓から長春市内を眺めるが、灰色がかった乳白色の靄の中に街は包まれて、近くの工場ばかりが見える。その他は何も見えなかった。

久しぶりに自分の椅子に腰を下ろしてみた。机の上には書類が置いてあった。事務の孟《もう》さんが置いて行ったものである。しばらく書類を眺めてから、研究室を出て先生方の部屋を回ってみた。中国側の先生たちの部屋だけが開いていた。孟さんたちの部屋は閉まっていた。とりあえず中国側の先生方に帰校の挨拶をした。挨拶回りを終わるとお腹も空き始めた。大学近くの新しいスーパーへと買い物に出かけた。スーパーでは野菜や包子《パオズ》、冷凍餃子などを買った。包子は直ぐに食べられるからである。しかし、持って帰ってみると皮は意外に硬くなっていた。仕方がないので蒸し器にかけて蒸した。蒸し終わると、柔らかくて美味しそうに見えた。ところが食べてみたら、中身が酸菜であった。酸っぱさが先行して美味しくない包子である。それでも空腹には叶わないので二つだけ食べてやめてしまった。

「また、初めからやり直すようで、慣れるまで心配だわ」

成田国際空港で会った若い先生が機内で呟いていたのを思い出した。考えてみれば昨日からの変化の大きさに、私の心も動揺していた。環境だけでなく精神的な落差を感じて気分は不安定である。

「今日まで忙しくて何も出来なかった。明日から教案作りに取り組まなければ」

そんなことを言っていた我孫子先生の言葉に誘発されて、パソコンの前に座ってみた。しかし、教案作りにはまだ頭が回らなかった。「のんびりやるさ」と自分に言い聞かせるばかりであった。

気がつくともう外は暗くなってきていた。パソコンを閉じて夕食に出ることにした。河本先生の部屋からは音楽が流れていた。そこで河本先生を誘いに行った。

「もう、そんな時間ですか」

私がドアをノックして、顔を見せると河本先生は時間に気がつかなかったようだ

「五時に出かけましょう。集合場所はロビーと言うことで」

そう言って約束をした。

五時にロビーに行くと、ダウンジャケットを着込んだ河本先生が事務所の孫さんと話をしてい

た。私の顔を見ると、「我孫子先生を誘いましょう」と言った。いつもながらの誘いである。二人で我孫子先生のところに向かった。

ドアをノックすると、ドアから我孫子先生は笑顔を見せた。

「食事に行きたいのですが、ご一緒しませんか」

河本先生が口火を切って言った。

「今、親戚から帰ってきたところです。食事をしてきたので、今夜は遠慮します。食事が終わったら帰りに寄ってください。春節の白玉がありますので食べて行ってください」

普段と変わらぬにこやかな笑顔で我孫子先生は言った。

「分かりました。それでは私たちだけで行ってきます」

河本先生は、そう言いながらちょっとだけ頭を下げた。

夜の外はやはり冷たさが感じられた。いくら昼間が〇度だからと言って、夜もそれに準じた暖かさではなかった。二人はまずスーパーへと買い物に出かけた。河本先生は日用品がなくなったと言っていた。私の方はお菓子と「農大紅《ノンダーホン》」と言う銘柄の葡萄酒が目的であった。スーパーでの買い物の後で、大学の近くにある「公安餐店《ゴンアンツァンディエン》」で食事することにした。「公安餐店」は私たちの大学と道路一つ隔てた公安専門学校のレストランである。レストランでは生徒たちを見かけない。前回来たときは教職員や近くの人たちが利用していた。今夜は広い広間にテーブルがいくつも並んでいたが、客はほとんど居なかった。私たちは遠慮がちにテーブルを探して座った。制服を着たボーイが待ち構えていたかのようにやってきて、注文を訊いた。料理は二人で一品ずつ注文した。私は茄子のビール煮を注文した。前回来たときに食べたもので、美味しかった。河本先生は牛肉の入った塩の効いた野菜を、卵とじで煮込んだものである。お腹も空いていたので、いつもより少し大目のご飯を頼んだ。私たちは黙々と食べ、全部食べてしまった。

お腹は一杯になったので、すっかり我孫子先生の「白玉」を忘れてしまった。それでも公寓のロビーに戻ったとき、河本先生か律儀にも「我孫子先生の部屋に寄りましょう」と言った。

私たちはダウンジャケットを脱ぎながら我孫子先生の部屋の前に立った。

軽くドアをノックした。ドアを開けた我孫子先生は、「外は寒かったでしょう」と言いながら私たちを部屋の中に入れた。

「この部屋は寒いです」

私たちを部屋の中に入れると、そう言った。それなのに我孫子先生は薄着でワイシャツ姿である。テーブルに案内されると、早速、奥さんの作ったゴマ入りの白玉が運ばれてきた。河本先生は白玉を見ると「甘い物は遠慮します」と言って手をつけない。私のほうは、折角出してくれたので、「美味しいです」と言って白玉を食べた。ほんのちょっとお邪魔するつもりであったが、我孫子先生の話が始まってしまった。

「この話は是非、先生にしてみてと家内が言うもので」

私の顔をみながら我孫子先生はそう言って話を始めた。それは中国人の面子が引き起こす悲喜劇である。

「家の姉貴さんのところの話なのだが」と最初の話を始めた。

「『正月だけで六〇〇〇元も使ってしまった』と言うんです。何に使ったかといえば親戚の子どもたちへのお年玉や、年賀でのお祝いです。何もそんなに使わなくてもと思うのですけど、結局、私に言わせれば無為に散在しているのです。その後の生活のことなど考えもしない。中国人はみんなそうして正月にお金を使います。それに私の父が八〇歳になり、みんなでお祝いをしました。それを見ていた叔母さんに、誰が吹き込んだか知れないが、『叔母さんも是非誕生日のお祝いをしたほうがいい』ということを言ったのです。すると従兄弟が自分の家の庭にスピーカーを取り付けて、お祝いの音楽を流したのです。何も知らない村の人は何事かと集まりだし、誕生日だと分かると、知らん顔も出来ないので、今度はお祝いを持って家族を引き連れてやってきました。大体、一家族百元が相場ですので、誰もが百元持って来るのです。それで三日三晩飲み食いさせて帰らせました。集まったお金は九千元でした。従兄弟はお札を数えながら、『してやったり』とばかりにうれしそうでした。使ったお金は三日三晩でも大勢の人が来たので、それほど掛かりません。結局、儲かったということです。中国にはいろいろと行事や祭りがあります。お金がなくても面子のために、その場限りのお金を使います。これでは一向に生活は豊かになれません。また、葬式と結婚式はするほうが儲かります。誕生日も上手く利用すれば儲かるのです。これが中国のだめな習慣です。私なんかは今回の正月は、何一つ貰うことなく散財の限りです」

我孫子先生は笑いながら半分真剣な表情で話した。

最低気温マイナス一九度　最高マイナス一二度

寒さが戻ってホッとする。これは可笑しなことであるが、私の偽らざる気持ちであった。頬にピリリと来る冷たさが、気持ちを引き締めてくれる。今日は九時から後期授業の打ち合わせが有るという。普段通りの時間には起きられなかったが、それでも七時前には起き出して、顔を洗ったり、髭を剃ったりした。珍しくカップラーメンを食べてから部屋を出た。公寓を出て行くと後ろから河本先生が皮のトランクを手にしてやってきた。

「風が冷たいですね」

どちらからともなく口をついて出た。それほど冷たい風が頬を打ちつけて行く。私はダウンジャケットのフードを被って、耳あてまでしていた。これで寒さには万全の防御である。それでも、寒さは容赦なく風に煽られて吹き付けていた。

研究室に行くと、我孫子先生が机の前に座ってパソコンを動かし、何か作業をしていた。三人が研究室に揃ったのは一カ月ぶりである。私は席に着く前に、いつものように窓の外を眺めた。近くの工場の煙突からは灰色がかった白い煙が、右手のほうに高く上りながらゆっくりと東の空

厚い布団のような暖簾《のれん》を押し分ける学生

に向かって流れていた。その遥か遠方には長春市街の高い建物がくっきりと姿を現し、重なり合うように林立していた。寒さがもたらした空気の透明感が、街の姿を美しく蘇らせていた。

「寒いけど今日はいい天気ですね」

先生方に語りかけながら窓辺から離れた。二人の先生方は、私の方を見て「そうですね」と応えたが、我孫子先生はすぐに話を進めた。

「今日は最低気温がマイナス一九度です。日中はマイナス一二度と言っていました。まだ寒さは続きます」

「春はまだずっと先です」

机の上にテキストなどを出して見ていた河本先生もそう言った。

九時少し前に三階の会議室へ揃って降りて

行った。すでに日本語の教師は集まっていた。共先生が到着すると、すぐに打ち合わせ会が始まった。内容は後期の授業内容についての説明である。私たちはメモを取りながら、共先生の話を聞き取る。後期に向けての方針も述べられた。そこでは通訳コースの新設が語られた。本科二年生については、統一したテストをするように働きかけられた。その後は前期同様に、孟さんのほうから計画表の提出に付いての注意がされた。

一時間半ほどで打ち合わせは終わった。私たちが部屋に戻ると王先生が見えた。我孫子先生にパソコンの操作を教えに来たのだ。私たちもその操作を眺めていた。しかし、王先生の説明はあまりにも長い時間だった。私などは直ぐに忘れてしまうだろうと思った。それくらい詳しく王先生の説明は続いた。昼食時間が近づいたので、パソコン教室を終わりにしてもらった。

呂《ろ》先生から昨日電話がかかってきた。「明日、二時にお宅に行きます」と時間を指定していた。二時近くになると、私はロビーまで下りて迎えに行った。ほどなくして公寓前にタクシーが止まる音が聴えた。私は厚い布団のような暖簾を押し分けて外に出た。

「寒い、寒い、寒いです」

呂先生はそう言って身体をこごめながらタクシーから降りてこられた。

「ここは街中より寒いです」

寒さに震える呂先生に、私は暖簾を分けてロビーの中に入ってもらった。

私の部屋に入ると、「温かいですね、広くて綺麗ですね。いやとても温かい」と何度も言って、オーバーを脱いでいた。日差しの差し込んでいる南側の窓辺際に坐ってもらった。ここに居ると温室にいるような暖かさである。お茶を出して勧めるたが、「お腹の具合が悪いので、飲めません」と言って飲まれなかった。呂先生は私を心配して訪ねてくれたのである。

昨日に比べると今朝は比較的温かくなっていた。それでもマイナス七度くらいは有るのだろう。学生たちが少しずつ大学に戻ってきていた。まだ学生食堂の一階食堂は開いていない。開いているのは教職員の食堂だけである。学生たちは教職員の食堂で食事をし、食べ終わると学生食堂へと移っていった。私は食事を済ませると、帰り際に研究室へ寄ってみた。パソコンの一部が動かなくなってしまった。曾《そ》先生が居たら直して貰おうと思った。教職員棟の四階の中国側の先生の部屋を訪ねた。そこには先生方の姿は無く、事務の孟さんだけが座っていた。

「曾先生は、来ていますか」

孟さんに訊ねた。

「曾先生は休みです。家に電話をしてみてください。構いませんから」

孟さんはこともなげにそう言った。曾先生を訪ねた理由も訊かなかった。私もそれで部屋に戻っていった。曾先生に電話をかけるためである。だが電話をかけてみたが不在だった。

今日は夕方の六時から、長春市で日本語学校を経営している大崎先生と会う約束をしていた。これは以前から日本料理店で懇親会を持ちたいと言う大崎先生からの誘いだっだ。それを受けたのは河本先生で、私たちを誘っての懇親会である。集合場所は同志街を長春駅に向かったところにある、シャングリラ・ホテルのロビーである。シャングリラ・ホテルといえば長春市随一の豪華ホテルであった。その前に同志街での買い物をする予定で、私たちは少し早めに出かけることにした。我孫子先生は同仁書店で本を買うという。私は河本先生と一緒に印鑑と名刺づくりに行った。なにしろどこへ行っても、出会った人に渡すのが名刺である。大学の書類は必ず印鑑が必要であった。

大学の西門から例によってタクシーを捕まえ、我孫子先生の奥さんも一緒でいつもの四人が乗り込んだ。大学周辺の道路は工事がまだ始まっていない。大きな穴がいたるところにあいていた。それでも中東大市場への道に入ると、悪路も少しは無くなった。ただ、車の流れが多くなり、混雑もし始めた。

「こんなに車が多いから、さぞかし車が盗まれることもあるのでしょう」

窓の外を眺めていた私は、何気なく我孫子先生に話しかけた。

「今朝のニュースで、言っていました」

待っていましたとばかりに、そう前置きしてから話を続けた。

「日本と違って、車ごと盗むという泥棒はいませんが、車の中身を盗む泥棒が長春では多いのです」

「中身を盗むと言いますと、運転手がいない隙に売上金かなんか盗むのですか」

「いいえ、そんなのは盗みません。盗むのはタクシーのメーターです」

「そんなものを盗んで何になるのですか。中古のメーターとして売るのですか」

「そんなことはしません。メーターを盗んだ後に、自分の携帯電話の番号を置いてゆくのです」

「そんなことをしたら直ぐに捕まってしまうのではないですか」

「いいえ、捕まりません。警察は事件があったら直ぐに届けを出しなさいとテレビなどで指導していますが、誰も警察には届けません。そんなことをしたらそれこそ食べて行けないのです」

「えっ、どうしてですか」

私は不思議な話を聴く思いで訊いた。

「中国では、運転手は毎日稼がなければならないのです。もし、警察へ届けたらいつ仕事が出来るか分かりません。それより泥棒が指示した携帯電話の番号を回したほうがよっぽどいいのです。なにしろ直ぐに連絡が取れて三百元払えば、その日の内に返してくれるのですから」

「泥棒が盗ったメーターを持ってくるのですか」

「泥棒は持って来ませんよ。三百元受け取りに来るだけです」

「そのときに捕まえたほうがいいのではないですか」

「そんなことしたら、また何日もかかってしまいます。自動車だって警察に取り上げられてしまいます。それより泥棒を信用して、三百元を払って返してもらえば、後は修理屋に持っていって修理をすればいいのです。それで、その日の内に仕事が出来るのです。だから誰も泥棒を警察に届ける運転手はいません。タクシーを狙った泥棒は長春市だけでも毎日五〇件はくだらないといっています」

「泥棒はお金を受けとるときメーターを渡すのですか」

私の間抜けな質問が出る。

「泥棒はそんなことはしません。後から隠し場所を伝えてくるのです」

「確実にメーターは返ってくるのですか」

「それが商売です。確実に返ってきます」

「警察より迅速で信用できる泥棒ですね」

黙って聴いていた河本先生が傍から言った。丁度同志街の繁華街でタクシーが止まったので、みんなは笑いながらタクシーを降りた。同仁書店の前で我孫子先生夫婦と再会時間を約束して別れた。

小島順子さんと再会

昨日、我孫子先生から小島順子さんとの会食をするので、参加して欲しいと言われた。どういう繋がりがあるのだろうかと訊いてみると、東北師範大学の教授をしている兄さんからの紹介とのことだった。それで、一度私を含めて会食会を持ちたいと言ってきたのだ。それが突然であったが、「明日の夜の六時から」と言うことであった。すると、今朝になって小島さんから確認の電話と言って、「約束の時間は六時でよろしいですね」と言ってきた。成田国際空港で会ったときと同じく、あまり元気のない声であった。

「はい、その時間に行きますよ」

私は励ますつもりで力をこめて応えておいたが、やはり気になった。なにしろ長春国際空港では挨拶もしないで別れてしまった。

公寓を出発する時間になり、階下に降りて行くと我孫子先生夫婦は私を待っていた。

「実は兄のところへ寄りたいのです。時間はとりません」

西門前でタクシーを拾い、デコボコ道を走り始めると前席に座った我孫子先生が振り返って私に言った。

「かまいませんよ」

私は気にすることもなく返した。我孫子先生のお兄さんは東北師範大学の宿舎に住んでいた。呂先生の近所である。我孫子先生は歴史学者である兄に「満洲」関係の本を受け取りに行きたいとの事であった。今回、小島順子さんと会う予定のホテルは東北師範大学のホテルである「師大《シーダー》会館《ホイグアン》」。タクシーは「師大会館」の正面入り口前に止まった。お兄さんは車道を挟んだ向こう側で待っていた。周辺には信号機が無かったので、車の流れを見ながら我孫子先生は上手に横断していった。遠くからしか見られなかったが、私と同じ年というが、もっと年配者のように見えた。

「自分は若い」と私が勝手に思い込んでいるためだろうか。

「師大会館」は、先般私が日本に戻るとき、呂先生に誘われて会食したところであった。ちょっと懐かしさも加わってロビーに入っていった。すると左手にある大きなソファで小島さんが私たちを待っていた。

「やぁ〜お元気でしたか」

私は挨拶と同時にそう話しかけた。

「ハイ、何とかやっています」

やはり元気のない表情で彼女は言った。それから、「ここに来たのは初めてです」と言う。我孫子先生とは顔見知りと言うが、呂先生の時のような親しみは無く、なんとなく緊張しているような感じがした。早速、我孫子先生は「会食のできる場所はどこか」と係員の女性に訊いていた。

「二階の広間は会食が出来るのですが、個室になるとすべてが予約済みとのことです」

我孫子先生は交渉結果を私たちに報告した。私たちは右手にあるエレベーターで二階に上がっていった。階段も近くにあったが、最初から上る気はなかったようだ。二階に上がると、広々としたホール状になって赤いクロスで覆ったテーブルが並んでいた。呂先生と一緒に来たときには、ここで結婚式が行われていた。その賑やかさの中で、個室に入って食事をとったものである。今度は広間の一角のテーブルに着き、料理を注文した。彼女はやはり元気がなかった。「満洲文学」研究のためとはいえ、姉を亡くし、夫と別れての生活は寂しく厳しいものがあるのだろう。

下を向いたきり話をしようともしなかった。「満洲文学」指導教授でもある呂元明先生でもいれば、また気分も違ったであろう。

我孫子先生は相変わらずエネルギッシュに話しかけていた。それは中国の生活のことであり、民衆の貧しさについてであった。それから、いつものようにテレビの話になった。

「中国ほどいい加減な医療はないのです」と切り出した。

「医者もひどいものです。この間かかった医者は処方箋に書く薬の漢字が書けないのです。三度も処方箋を書き直して、結局傍にいたインターンのような若者に『先生、こう書くのでは』と言われて書いてもらう始末だった」

私が驚いて、「本当の話ですか」と訊いた。

「それは本当です」

空かさず傍から奥さんがそう言って答えた。

私もそれはありえる話だが、と思いながら一昨年長春に来て、劉春英先生と会った時に聴いた話を思い出した。劉先生は、「長春に着たら、大きな病院には掛からないほうがいいです。大概の医者は親のコネで入り込んでいます。それは大きな病院ほどコネが必要だからです。ですから医者はあまり勉強しません。それで患者を診るのでとても怖いです」と言っていた。

「中国くらい新薬の出回っている国はありません。アメリカは一年間に一四八種類ほど新薬が出回りました。日本は二六〇種類くらいです。それなのに中国は二〇、〇〇〇種類弱です。こんなに新薬が開発されたと誰が本気にしますか。みんな贋物です。今までの薬の袋を替えたり、箱を替えたりして新薬として売っているだけです。ですから、みんなは知っていて誰も飲みません」

今度は薬の話しに飛んでいた。

「医者はたくさん薬を出しますよね」

小島さんもこのときばかりは思い当たることが会ったのでそう言った。

「そうです。たくさん薬を出します。でも、そんな薬を飲んだら体が悪くなりますよ」

「私もこの間、眩暈を起こして倒れたとき、薬を一杯貰いました。いや買わされました。でも、ほとんど飲みませんでした。しかし、患者に渡される薬の量は日本も同じですよ」

私も経験があったので話に入った。

「今朝も党の幹部が二人逮捕されました。彼らは新薬に一肌脱いだのです。もちろん賄賂ですよ」

「二人だけだったのですか。だとするとこれからも増えますね。二人しか捕まらないのだから安心だといって」

「そうですよ。当然です。だから私はいつもテレビの前で見ながら怒っているのです。妻はテレビを観て怒ってばかりいるなら観ないほうがいいではないかって言うんですが、私はこの国の将来がどう変わっていくかに興味が有るのです。それでこれではいけないと思って、テレビに向かって怒っているのです」

「そういえば、テレビコマーシャルで多いのは薬の宣伝ですね」

小島さんが付け加えて言った。

新薬は特許さえとれば、世界中のどこにでも売りさばくことが出来る国際的な商品である。

二学期の授業が始まる

寒さが戻ってきたようだが、鼻がもぎ取られそうな痛さの寒さは無くなった。朝の日差しも明るく輝いて、いかにも暖かそうに感じられた。日中となるとなおさら暖かさを感じるのだから不思議である。東京にいれば最高気温マイナス八度では春を感じない。しかし、長春では春が近づいているようなそんな気がするのである。

「今度温かくなったら、もうこんな寒い日はきません。春が近づいているのです」

そう我孫子先生に言われると、冷たく寒い冬が去ってしまうことが惜しいような気がした。冷たい寒さは心を引き締めてくれるので、私は好きになっていた。

今朝、出勤時に公寓の前に出ると、通りの周囲に固まって汚れ黒ずんだ雪が大方消えていた。一晩のうちに蒸発してしまった。昨夜がいかに寒かったかがこれで分かった。一気に消えてしまったところを見るとマイナス一九度以上の寒さが襲っていたことになる。研究室へ行くと既に河本先生が来ていた。我孫子先生は私の後を追うようにして出勤してきた。ところが、後期の授業が始まったので、三人がつかの間の挨拶を交わしている暇もなく、それぞれが教室へと向かった。三人が同じように午前中は全て授業であった。河本先生だけは午後も一コマ授業があった。私たちは大勢の学生たちが教室へと急ぐ廊下を、まるで泳ぐように掻き分けて進んでいった。そう言えば昨日の授業で「ウチ」と「ソト」との人間関係について話した。もちろん個人的な人間関係だけでなく、社会的な関係も同様である。教科書では日本の社会がテーマなので、「ソトの人」を「外人」といって外国人を受け入れない性質について話したりした。もっとも最近では海外からの観光客も増えていた。さて、中国にも「ウチとソトの関係がありますか」と尋ねてみた。すると、「ある」という答えが返ってきた。移民を受け入れて巨大な都市になっている国でも、世界中どこにでもある関係である。

「では、私は皆さんにとって外国人ですね」

そう訊いてみた。「そうです」と一斉に答えが返ってきた。ところが楊斌君が一人、「違います」と言って手を上げて立ち上がった。そしてはっきりと言った。

「先生は私たちの先生ですから、外国人とは違います」

私はそれを聴いて、思わず感謝した。

今朝は私が教室に入って行くと、学生たちは静かにテキストを開いて待っていた。準備は出来ていると言いたげだ。ところが、程君、徐君たちはぎりぎりの時間になって飛び込んできた。また朝寝坊をしたのだろう。彼らが席についたところで、出席をとった。教科書に入る前に宿題を発表してもらうことにした。宿題は全員がきちんとやってきていた。黒板に板書させ、自分の書いたものを読ませた。次から次へと学生が黒板の前に立っては文章を書いていった。その後で一つ一つの添削をした。もちろん質問も忘れない。

二時限目との間の休憩時間に一旦研究室へと戻っていった。僅かな時間だが、学生も含めて気分転換である。他の先生方も戻られ、一息入れてからまた次の授業へと向かった。私の方は聴解の授業であった。聴解はテープを聞いてテキストに書き込む。張樹梅さんと張欣さんがいなかった。さては寒さのあまり蒸発したかと思っていると、メモが私の机の上に置かれていた。樹梅さんは、お腹が痛くなり、張欣さんの付き添いで病院へ行ったとのことである。

長春市図書館へ行く

授業を終えて部屋に戻ってくると我孫子先生から電話が入った。長春市図書館長に会いに行きますが一緒に行きませんかとの誘いである。行く約束をして外出用のダウンを着た。

ロビーに下りて行くとすでに我孫子先生たちは、事務室の孫《そん》さんと話をしながら待っていた。四年生の女子学生も一緒だった。通訳の勉強のために連れて行くとのことである。大学の正門前からタクシーに乗る。いつものように運転手の脇に座った我孫子先生が振り返って私に言った。

「最初に文化広場に寄ります。今日は凧揚げ大会があるのでそれを見ましょう。それから、いくつか寄って図書館に行きます」

南湖公園を通り過ぎ、「満洲」時代の行政街を通る。もう、私には見慣れた風景である。正面には「満洲」時代には建つことのなかった故宮が、解放後設計図を元に作られていた。現在では地理院となって利用されている。その地理院の前の公園が文化公園である。文化公園が近づくと幾つもの凧が揚がっていた。我孫子先生はまた後部座席を振り返り、今度は女子学生に「今日は何の日ですか」と訊いた。

「龍の頭が上がる日です」

「それはどういう意味ですか」

女子学生は答えられずにしばらく黙っていた。彼女が答えられないのが分かると、我孫子先生は続けた。

「今日で春節が終わりの日なのです。それで今まで地上に眠っていた龍が、頭も持ち上げ、天に昇って行くのですよ。ですから、ほら、龍の凧が天に向かって昇っているでしょ」

そう言いながら龍の凧を指差して見せた。言われるままに私も文化公園の龍の凧を見上げた。凧は龍だけではなかった。鳥や三角形や丸い吹流しのような凧もある。

タクシーを降りると広場の一角に人だかりがしていた。私たちは彼らの傍に行ってみた。すると、これから揚げる巨大な龍の凧の準備をしていた。竜の長い体は長崎くんちのようである。しばらく揚がるのを待っていたが、なかなか上がりそうもないので、待ちくたびれて私たちは立ち去った。我孫子先生の次の目的地は「満洲」時代の国務院であった。現在は吉林大学基礎医学院である。

「ここには、私の吉林大学時代の後輩がいます。その彼女に会います」

「旧国務院」の正面玄関を入ると漢方薬や「満洲国」関係の資料の売店があった。我孫子先生は懐かしそうに店に入って行った。売店に入ると、すでに連絡をしていたのだろう女性の責任者がにこにこしながら現れた。我孫子先生の後輩と言う女性だ。彼女とは久しぶりに会ったのだろう。懐かしそうに挨拶を交わしていた。売店には数人の店員さんたちがいた。しかし、客の姿は見られない。

「どうぞ、こちらへ」

まず案内されたのは、「満洲」時代のエレベーターを見せてもらった。

「このエレベーターは一九三四年に横浜の豊田で作られたものです。元々はカナダのオットー会社のエレベーターだったのです」

彼女はそう説明しながら、私たちを古い蛇腹扉のエレベーターの中に入るように勧めた。まだ動いているのだろうと思っていると、二階へと上げてくれた。それから建物の内部をと言っても一部だが案内してくれ、階段や手すりについても確かイタリア製と説明してくれた。聞き違えたかもしれないが。吉林大学基礎医学院には足を延ばさなかった。そして一通りの案内と説明が終わると、彼女はしきりに我孫子先生を食事に誘っていた。しかし、我孫子先生は柔らかく断り、私たちは挨拶を交わして「旧国務院」の売店を出た。私は記念にと思って、「満洲」時代の長春市内地図を買った。これからは、この地図を頼りに市内を歩いてみようと思った。

今朝はかなり寒かったが、昼過ぎてからは意外に外気が暖かい。日差しはまぶしいくらいだ。しかも、足元の雪は僅かに溶け始めていた。「旧国務院」を出ると長春市図書館へとタクシーを拾って向かった。図書館長との約束の時間は一時半とのことである。私は久しぶりに、長春市図書館を訪問することで、胸が膨らんだ。なにしろ数年前には、『満洲国文化細目』を作るための資料探しに何度か訪問していた図書館だ。その経緯もあり、館内の「満洲」時代にかかれた書籍をもう一度見たいと思った。ところがタクシーで乗り付けてみると、意外に建物内の思い出は少なかった。螺旋状になった階段や幾つかの風景はかすかに覚えていたが、全体的にはうろ覚えである。しかも、当時どの部屋で資料をあさり調査したのかさえ思い浮かばなかった。図書館長室は三階にあった。館長の名前は劉慧娟《りゅうけいけん》女史である。挨拶もそこそこに名刺交換をするが、図書館長の顔は何度か見たことがありそうだ。しかし、記憶には残っていなかった。話しているうちに少しずつ思い出されることもあったが、残念ながら会見は僅か五分足らずで終わってしまった。劉館長は会議があって忙しそうだ。

「『満洲』関係の調査をしたいので今後ともよろしくお願いします」

我孫子先生と私が期待を込めて言った。

「いつでもご利用ください、歓迎します。今日は忙しいのでこれで失礼します」

劉館長はそう言いながら、立ち上がった。今日は今後のための顔見世である。私たちは劉館長に見送られながら館長室を後にした。劉館長と会えたことは今後につながる期待を抱かせた。その期待を抱えて図書館を出た。

「これからちょっと買い物をしたいのですが」

我孫子先生は、図書館を出るとそう切り出した。幾冊かの本を買いたいというのだ。そこで、再びタクシーを拾うと、同志街の同仁書店へと向かった。同志街の同仁書店は長春市内ではかなり大きな書店である。ここに来れば大方の書籍は手に入った。ところで、通訳の勉強として一緒に出掛けた女子学生は、ほとんど話すことなく私たちの後ろについていた。ただ、緊張しているだけの時間だったようだ。

留学生のうつ症状

昨日は午後からの気温は温かかった。雪が溶け始めていると感じていたら、今朝は更に雪が溶けていたので驚く。それでも夜中から朝方にかけてはかなり寒かったのだろう。路肩の雪は大方蒸発していた。このところ構内の道路の亀裂や、バスケットコートの大きな亀裂が目に付く。いつもながらに中国人の工事のずさんさが目に余る。それにしてもバスケットコート内の亀裂は断層にまで広がっている。コート内は端から端まで長々と亀裂断層が続いている。しかも、幾筋も出来ていた。それでも学生たちは日差しを求めて、バスケットやサッカーに興じている。ボールが亀裂断層に当たったら、どこに飛んでゆくのだろう。学生のことではあったが、見ているだけでいらぬ心配をしてしまう。いやむしろ、近道と称してバスケットコートを過ぎって研究室へ行く私は、いつか亀裂断層が口を開き、ズボッと陥没してしまうのではないかと思えた。正面玄関の附近にも長い亀裂はあるがバスケットコートほどではない。建物の床附近の通路にも、山のように盛り上がって歪んでいるところがある。その歪みは敷石を持ち上げ、ガスが溜れば敷石を跳ね上げるのではないかとさえ思わせる。なるべく近づかないようにしなければ。いずれにしても、一冬が終わり始める校舎のいたるところに不具合が生じていた。授業は今日からテキストの第一七課に入った。学生たちは緊張気味にテキストを開いていた。

研究室に戻ると、河本先生が皮のボックスカバンを揺らしながら戻ってきた。すると河本先生を追うように我孫子先生も戻ってきた。そして、自分の椅子に座ると深いため息をついた。昨日と打って変わって気落ちしているようだ。

「どうなされましたか」

元気づけるつもりで私は訊いてみた。

「実は日本からの留学生なんですが」

そう言うと、またため息ともとれる息を一つ吐いた。そして、逡巡するようにして切り出した。

「留学生の一人が個室に入ったまま、出てこないのです。どうも友だちもいないのです。クラスの中国人学生たちとも交流が持てなくなって、うつ状態になっているのです。どうしたらよいものかと妻と相談しているのですが。帰国させたほうがいいのかもと思っています」

「正月にパーティを開いた時に来た学生の一人ですね」

河本先生が訊き返した。

「そうです。あの時も元気がなかったので、先生方に協力してもらってパーティを開いたのですが」

「最近の学生は意外にひ弱にできていますからね」

相槌を打つように河本先生は言った。

「私が話しかけてもあまり返事が返ってこないのです。留学生同士のコミュニケーションも取れないようです」

「私の経験からも、そんなときには早めに日本へ戻したほうがいいですよ。無理して留学を続ける必要性も特にないと思います」

正月の留学生たちを交えたパーティで、留学生の中国語能力はかなり低かった。現状では授業についていけない事情も感じていたのだろう。河本先生は症状が深く根を張らないうちに日本に帰ったほうがいいと言うのだ。

「留学生同士の交流ももてない状態では、事は深刻ですね。留学がトラウマにならないようにしたほうがいいと思います。私も帰国を勧めます」

我孫子先生の負担を思って、私はそんなことを言った。夏目漱石もイギリス留学において、一生、不安神経症と付き合わなければならなくなったのだと思いながら。その一方で、私だってうつ病の危険がないとはいえないと思えた。今はただ傍に学生や日本の先生方がいる。それで何とかその日、その日を問題無く過ごしている。そのバランスが崩れたら、何時、精神的に危険な状態に晒されるかわからない。

「やはり、帰国させたほうがいいようですね。帰国を話してみます」

我孫子先生は少しほっとした表情で私たちに言った。

研究室の帰りがけに中国人の先生方が階段付近で屯していた。私たちが挨拶して通り過ぎようとすると、楊純先生が我孫子先生を呼び止めて言った。

「我孫子先生、学生をもっと怒ってください。彼らは怒らないと勉強しません」

どうやら学生たちの間で「我孫子先生は優しい」という噂が流れ、それを楊純先生が聞きつけたようだ。

「毎日、怒っているんですがね」

笑いながら我孫子先生は答えた。

「先生は、優しすぎるのですよ」

楊純先生も我孫子先生の笑いに誘われて、返す言葉なくそう言った。

私たちも笑いながら階段を降りて行った。そして、校舎の外に出ると我孫子先生はつぶやくようにぽつりと言った。

「学生に舐められているのかな」

我孫子先生の独り言は、私に質問を投げかけた。「学生が先生を舐めたとして誰が一番得をするのか。学生たちが損をするだけ」と答えが返ってきた。

「でも、学生のレベルだけに合わせると、『何もしない授業』になりかねないのです」

今度は我孫子先生は懸念を吐露した。我孫子先生の受け持つ「三年制の専科」の学生は、授業にあまり興味を持たないようだ。それが大きな問題である。どのクラスにも問題はある。等しく授業についていけない学生たちがいるからだ。時には補講を試みてやってはいるものの、その補講だけで良しとしてか、安心してか、期待してか、授業のときになると眠ったり、おしゃべりしたりしてしまう学生たちだ。

黄砂が襲う

朝起きてみると、窓の外が異様な雰囲気に包まれていた。そろそろ夜明け前の薄明かりが広がり、その広がりに光がさしていても良い時間だと思った。しかし、その異様さは鈍くくすんだ黄色の世界が広がる朝焼けだった。いや朝焼けではない。窓の外に見える黄色の世界は空気もまた濁っているかのようだ。初めて見る朝の彩にそれが黄砂だとは気がつかなかった。昨日、我孫子先生が別れ際に「明日はモンゴルのほうから黄砂が来ます」と言ったのを思い出した。そして、「モンゴルから黄砂が来たのか」と理解した。黄砂は砂が吹き荒れるのかと思っていた。ところが砂の粒子は思いのほか細かい。窓の外では自動車修理学校の生徒たちが、上着の襟を立てて小走りに校舎へと急いでいる。校舎までの距離がそれほどないのに、必死で身を守っているかのようだ。

私はいつもながらの軽い食事作り、それを食べ終わるとカバンを手にした。ドアのカギを閉じ、階段を下りて行った。我孫子先生がドアを閉めていた。

「お早うございます。今朝は先生が言っていた通りの黄砂ですね」

私は朝方の異様な雰囲気の黄砂を見て驚いた話をした。

「ただの砂ぼこりとは違いますからね」

公寓のロビーでは事務所の孫さんが私たちを見ると外を指して言った。

「目を気をつけて、口をきかないように」

我孫子先生は公寓を出ると、コートで口元を覆いながら私のほうに向かって笑いながら言った。

「黄砂は細かいので直ぐに上着についてしまいます。日本にいると今頃はスギ花粉にやられましたが、今年は二〇年ぶりに黄砂にやられますねぇ」

黄砂は上空を深く覆って薄暗い。しかも、風も唸りをあげてかなり強く吹いていた。しかし、少しずつだが黄土色に変わり始めていた。私たちはダウンコートの襟を立て、押し黙って構内を歩いた。教職員棟にたどり着くと、まず上着の黄砂を払い落とした。バスから下りて、教職員棟に入ってくる先生方も小走りであった。

四階の研究室に着くと、窓から長春市街を眺めた。いつもなら工場の煙突から出ているはずの白い煙だけでなく、煙突や工場が黄砂の中に包み込まれて見えない。道路を隔てた向かいの公安高等専門学校のレンガ造りの建物、その建物がセピア色に染まっていた。そして、黄砂のゴォーと言う唸り声が響くまでにはそれほど時間はかからなかった。一時限目の授業が終わるころには辺り一面、セピアより色濃い黄砂に覆われていた。それは雨の日のどんよりとした重い雲より、更に暗い黄砂の襲来だ。なんとも不気味な黄砂の襲来に驚いていると、「そのうち、黄砂は去っていきますよ」と言って、不安を取り除いてくれたのは我孫子先生だった。それでも、いつまで黄砂は降り続けるのだろうかと思った。初めて出会った黄砂の巨大な姿に中国大陸の大きさを感じた。

二時限目が終わると、学生食堂へは行かずに我孫子先生と一緒に部屋に帰っていった。研究室から不安な面持ちで窓の外を眺めると、黄砂のながれが緩やかになったのか、西のほうから明るさが見え出した。教職員棟を出てバスケットコート付近まで来ると、我孫子先生は顔を覆いながら空を見上げて言った。

「先生、太陽が出ています、見てください。黄砂ももうすぐ消えますよ」

「前を向いて目を開けているだけで黄砂が入ってくるのに、上は向けませんよ」

私はそう答えたが、言われるままに上空を見上げた。まだ明けやらない黄砂の流れの中に、太陽の青白い顔が見えた。それは全く、死人のような青さで円を描いているだけの太陽である。地上に向かって光を投げかけている太陽とはとても思えない姿であった。

「太陽も美しくないですね」

同じ思いだったのだろうか、我孫子先生は恨めしそうに言った。

「夜空とまではいきませんが、朧月夜のようですね」

私も答えようがなくそう言った。

公寓に帰ると我孫子先生とは階段脇で別れた。部屋に戻ってからは食堂へ行く気にはなれなかった。ただ、飲むお湯がなかったのでボイラー室へお湯をもらいに駆け出して行った。そのお湯で、コーヒーを沸かしたりお粥を作ったりした。あとは野菜炒めを大量に作って昼食とした。

食後は直ぐにベッドに潜りこんで昼寝を始めた。体は疲れていた。目を覚ましたのは三時近かった。時計を見ながら、「小テストの採点をしなければ」と自分に言った。机の上に置いたカバンの中から採点用の赤いボールペンを取り出し、小テストの回答用紙を取り出した。それらを手にして窓辺のテーブルの前に座った。テーブルの上は日差しが差し込み、明るく輝いていた。窓の先に目をやり上空を見上げた。「えっ」思わず声を上げた。黄砂が嘘のように消えていた。太陽が生き生きと輝きを取り戻していた。

「一体あれはなんだったのか」

黄砂は幻のようにして消えてしまった。それが不思議でならない。しかし、黄砂が二日も三日も続けて降るのではなく、ほぼ半日ほどで終わるのかと思ったら少し安心することができた。

日本文化祭の準備

三月も終わり近くなると、気温もかなり暖かくなった。日本では桜が咲き始めているだろうと思ったが、長春ではまだ見られる時期ではない。それでも、マイナスの温度が一〇度を切っていた。日中はマイナス〇度にもなると、暖かいと感じられた。午前中の授業が終わり、部屋に帰ろうと準備しているところへ共学部長の少し太った奥さんが、研究室を覗き込んできた。

「先生、日本の盆踊りを一緒に踊りましょう」

奥さんは私の顔を見るなり達者な日本語で誘ってきた。

「盆踊りは、子供のころは学校で教えもらい踊ったことがありますが、大人になってからはあまり踊ったことがありません」

断るつもりで私は言った。日本人なら誰もが盆踊りを踊ると思っているような気がしたのだ。

「五月に行われる日本文化祭で一年生が踊ります。我孫子先生の奥さんが盆踊りを指導してくれます。我孫子先生も参加します。ぜひ一緒に練習に参加してください」

共学部長の奥さんがこれほど日本語を流ちょうに話すとは思っても見なかった。驚き半分で、私は気おされて了承してしまった。私の了解をとると、奥さんは笑顔になって「河本先生は」と訊いてきた。河本先生も仲間に入れようとしているのが分かった。

「河本先生は午後の授業がありますので、食堂へ出かけたかと思います」

「そうですか。それでは失礼します」

残念そうな口ぶりを残して、研究室のドアを閉めて出て行った。河本先生には食堂で直接言うのだろう。しばらくすると、我孫子先生が研究室に戻ってきた。

「先生、盆踊りの練習に参加してくれるのですね。共学部長の奥さんから聞きました。一時半から三二〇教室で盆踊りの練習を始めます。妻が指導してくれますが、妻もよく分からないようです」

我孫子先生は笑いながら言った。我孫子先生の話では盆踊りは「東京音頭」「炭坑節」の二つとのことである。二つとも確か子供のころに踊った経験がある。しかし、大人になってからは自治会の盆踊り大会は殆んど観るだけで、踊ったこともなかった。何となく手の振りなどの記憶はある。だが、順序となると全く覚束なくなっている。まあ、生徒と一緒に教えてもらえばいいと高を括った。

我孫子先生と公寓に戻りながら、学習意欲のない学生についてどう対処すればよいか、道々話し合うことになった。盆踊りのことは話題にならない。

「二学期が始まってから、全く授業に顔を見せなくなった生徒が二人います」

我孫子先生はそう切り出した。しかもその二人が学校側から呼び出され、退学処分に処するという通告を受けたとのことである。

「その処分理由書の一部に、私の授業の出席状況を報告するようにと求められているのです」

「学生たちは先生に何か言っていますか」

「いや、何も言ってこないのです。それで出席状況を報告していいものか、悩んでいるのですよ。学生たちの理由が分かれば、対応の仕方もありますからね。一方的に事が運ぶのは、私としてはやりたくないことです」

この件に関してはなんとも苦々しい思いでいるようだ。そこで、同じような学生たちの問題について我孫子先生は口を開いた。

「先生もご存じの荀一銘君のことです」

「ああ、あの超有名な荀子の末裔ですね」

「そうです。荀子の正統の末裔です。彼はなぜか日本語を学んでいます。しかし、残念ながら彼の日本語能力はかなり低いです。補講をするから私の部屋に来るように言っているのです。ところがですよ先生、『それより大事な人生の事で相談したい』といわれてしまいました。私は彼が彼女を部屋に連れ込んでいたので、そんなことの問題でなければよいのだがと思っているのです」

笑いながら我孫子先生は言った。そしてさらに続けた。

「授業中に、諺などについて問題を出すと、誰も答えられないとき急に手を挙げて、荀子の言葉を使って説明することが彼にはあるのです。ところがそれを現代語に訳していうと、クラスのみんなが笑ってしまうのです。ともかく中国の古典については小さい時から学んでいて、専門的にも詳しいようです」

「荀子の血筋なのでしょうかね。いずれにしても学部の選択を間違いましたね。学部の選択間違いと言えば、私のクラスにも居ます」

私は程君などを思い出して言った。彼もまた漢詩などが大好きで、いつか黒板に蘇軾《そしょく》の『赤壁賦』を延々と書いていたことを思い出した。それを見た私は、彼に読んでもらった。程君もまた日本語を選択したことで、結局、意欲を引き出せないまま、無為に時間を過ごしているようだ。たぶん荀君も同じなのだろう。穏やかな湯上りの顔をして我孫子先生の方を見つめている姿が見えてきた。

日本の盆踊りの練習があるという時間の一〇分前になり、私は部屋の鍵を閉めて階下に降りて行った。すると、我孫子先生夫婦もまた部屋の戸を閉めてロビーに出てきた。

「先生、ご苦労さまです」

我孫子先生は私に向かって笑顔を見せて言った。奥さんは手にカセットデッキを持っていた。

私たちは一緒に三二〇教室へと歩いて行った。すると、奥さんは独り言のように繰り返して我孫子先生に言った。

「出だしがよく分からない。だからリズムに乗れないの」

最初は、何を言っているのか分からなかった。しかし、表情からして久しぶりに踊る盆踊りの指導にいくらか戸惑っているようだ。

「間違ったって相手は知らないんだから、気にすることはないよ」

我孫子先生は励ましのつもりでそんなことを言った。

「家内は、インターネットで『東京音頭』など検索して練習したんですよ」

いつもの笑顔を見せて今度は私に言った。

「申し訳ないですが、私もほんとに知らないんです。子供のころ、夏休みに学校で習った覚えがあるだけです。もう半世紀も前ですからね。忘れました」

私も正直に二人に伝えた。日本人だからと言って、盆踊りが踊れるわけではないのだ。三二〇教室に着くと共学部長の奥さん始め三〇数人の学生たちが列を作って待っていた。隣の教室では河本先生が授業をしていた。共学部長の奥さんは、私たちが来たので学生たちに紹介した。紹介が終わると、学生たちは一斉に「よろしくお願いします」と言った。その挨拶が始まりだった。我孫子先生の奥さんが盆踊りについて「古くから先祖をまつる踊りです。でも、日本の伝統文化となっています」と簡単に説明した。奥さんの挨拶が終わると、盆踊りが始まった。奥さんの持参したカセットデッキから「東京音頭」が流れた。

学生たちと日本文化祭（下の写真も同じ）

「はい、教室一杯に広がってください。最初は形を覚えます」

「みなさん、もっと広がりなさい」

学生たちが固まりがちな状態を観て、共学部長の奥さんが大きな声を張り上げた。学生たちは奥さんの声に一瞬おののいて、それから広がり始めた。

「東京音頭」が流れ続けると、我孫子先生の奥さんは意外に上手に踊り始めた。その踊りを見ながら共学部長の奥さんも私たちも手足を動かした。確かに簡単な踊りなのだがなかなかリズムに乗れない。学生たちは何度か見ているうちに覚えたようだ。彼らは輪を作って踊りはじめた。しかも殆んど間違いもなく踊っていた。共学部長の奥さんも太った体を軽々と動かしていた。私も学生たちの輪の中に入って踊るが、間違えるのは私ばかりであった。我孫子先生も何とか踊られていた。共学部長の奥さんの期待を私は裏切ってしまった。「東京音頭」を一通り踊ると、次は「炭坑節」に入った。こちらは少しだけ我孫子先生が中国語で説明した。学生たちと一時間近く踊ったりしていると、私は汗が出てきた。学生たちは楽しそうにすでに二つを覚えてしまった。第一回目の盆踊り講座が無事に終わった。もし、第二回も誘われたら、前もって練習しなければならないだろうと思った。


盆踊りの練習から数日後の休日、教案作りを終えて休んでいると我孫子先生から電話がかかってきた。

「吉林省図書館裏で古本市が開かれています。なにか掘り出し物があるかもしれないので、一緒に行きませんか」

午後からは構内でジョギングでもと考えていたところだったが、折角なので一緒に出かけてみることにした。ダウンジャケットは着ないで行くことにした。少し薄着のようだが、外の暖かさを信じた。このところ晴れの日が続いて、日中は暖かさを感じていた。我孫子先生の部屋へ行くと、奥さんは今日は自宅で留守番と言った。珍しいこともあるものだと思いながら、私たちだけで出かけた。

吉林省図書館は東北地方の解放後、「満洲」時代の建物様式を真似て作られた建物で、一見すると「満洲」時代の建物と間違えてしまう。その建物の裏手で古本市が開かれていた。この広場の一角には比較的貧しい人たちが生活しているのだろう。広場のかなりの部分に生ゴミやらビニールゴミが積み上げられ散乱していた。その異様な匂いの中で、自由に店を出して古本が売られていた。自由な店と言ってもただビニールシートを敷いただけの代物であり、その上に古い本が散らばっている。特に分類とかもなく、持ち込んだ段ボール箱の中身を広げただけのようだ。それでも確かに古本市だが、本の保存状態も悪く、埃にまみれていたり破れていたりしていた。しかし、いずれも解放後の書物であった。「満洲」時代を扱った物は極少なく、それも数えるほどしかない。さらに時代をさかのぼると全くと言ってよいほど無かった。そんな古本市の中で「満洲」時代の総理鄭孝胥や張景恵などの名刺が柵に入って売られていた。我孫子先生は目ざとく名刺を見ると、店主に問いかけた。店主は答えていたが、それが何と言ったか私には分からない。我孫子先生はさらに問い返したりしていた。そして、話がまとまったのだろう。六〇元を店主に渡して名刺を受け取った。

「全くいい加減なものです。一枚一〇元というから一枚五元にまけなさいというと、駄目だというのです。で、適当に枚数を言って全部買うといったら、百数十元と言っていたのを六〇元まで下げてきたのです。本人も値段など最初から決めてなかったようです。中国人は相手の顔を見て値段を決めるのです」

私にそう説明すると、改めて名刺を数え始めた。名刺は全部で一八枚あった。一枚五元より安く買ったことになる。もっとも私たちが古本市場で買ったのはそれだけである。私は何も買うことなく古本市を観終わった。我孫子先生は古本市を出ると学士書店に行きたいと言った。買いたい本があるというのだ。私は特に予定もないので、一緒に出掛けた。我孫子先生は学士書店で、吉林大学の副校長の王勝今《おうしょうきん》著「偽満時期・中国東北地区移民研究」を買った。我孫子先生はこの本に異議を持っているようだ。先日、ある新聞に同氏の話が載っていて、それを読んで笑っていた。どうやら盗作が多いようだ。しばらく学士書店の中で歴史や文化についての書籍を手にとって眺めてから、二人で大学に戻った。

一週間ほどして、研究室で我孫子先生に会うと、先日古本市で買ってきた「満洲」時代の名刺の真贋についてで、「やはり贋物でした」と切り出した。そこで私が質問した。

「どこが贋物と証明できたのですか。まさか漢字が違っていたというわけではないでしょうね」

「その通でした。毎日眺めていて、三ヶ所漢字の間違いを発見しました」

「これですね」

名刺を見てすぐに分かった。比較的紙が古そうに見えたのと、活字が心もとなげに見えたのだ。

「この三枚が、それぞれ一ヵ所だけ簡体字で印刷されています。作るほうも慌てて作ったのでしょうか、それとも活版の旧字が見つからなかったのでしょうか、中国的な『まあ、いいだろう』くらいで作って、後は高く吹っかけて売ってしまえばいいと思ったのです。中国人は大勢います。ですから買う人がいるかもしれない。誰かが買うだろう。それで終わりです」

我孫子先生は残念と思うより、贋物を発見したことでむしろ大分満足されているようだった。

我孫子先生もまた中国人である。

「ところで、先生。昨日、青森の新聞社からメールが送られてきました。私がコピーした青森県林業局の林業開拓移民の資料が不明になったと言ってきたのです。いくら当局に問い合わせても『分かりません』の一言で、新聞社としては『何故なのだろうか』との問いかけです」

おかしなことを聞いてくるものだと我孫子先生は思ったようだ。そこで、私は自分が感じたままを我孫子先生に伝えた。

「先生、ちょっと考えてても見てください。青森県の林業局が、戦時中の林業移民に関する資料を思いがけなくも発見した。その時点で、研究者としての我孫子先生に依頼して、それの価値判断を願ったということは良しとしましょう。だれも資料としての判断ができなかったからでしょう。しかし、本来担当の職員が、公文書をいとも簡単に外部の人にコピーさせるということは、絶対にありえないことです。仮に一般公開しているものなら良いですが、まだ何の判断も下されていない。永久保存なのか短期保存なのか、「〇秘」扱いなのか、そうでないのか。いずれにしろ公文書を勝手に外部に漏らしたとなると、これは公務員としての守秘義務違反に当たらないとも限らない。むしろやってはならないことです。もしかすると「機密漏えい罪」に当たるのではないか、とかいろいろと考えますよ。それが戦前の物であっても同様といえるのではないでしょうか。だとすると青森の新聞社が、その文書資料を見せて欲しいといっても、今では当初のミスに気づき、未だ整理もされていない状況にあれば一般公開するわけにも行かない。ひたすら担当職員は、『分かりません』ということになります。『我孫子先生がお持ちです』とも言えないはずです。担当職員にとっては当然の話でしょう。まさか、そんなことで処分をされたのでは堪ったものではない。そう考えるのではないですか」

「そんな問題ですかね。しかし、新聞社は私が持っていることを知っているのです」

「それは、先生がどちらかで青森県の林業移民について詳細を講義したとか、論文を書かれたのを見たとか、新聞社はそこを調査取材したことがあるのでしょう」

「まだ、論文はこれからですが」

一時の興奮が冷めて、冷静な状況が飲み込めたということだろうか、我孫子先生も慎重な面持ちになっていた。

黄砂と国旗掲揚

早朝六時に誰かがドアをノックした。私は慌ててベッドを降り、着替えをしてからドアを開けた。

「お早うございます。朝早くてすみません」

河本先生が私の顔を見ると言った。それから連絡事項なのですがと断りながら続けた。

「七時前に国旗掲揚の式典がありますので、中央広場に集合するようにとのことです」

「分かりました。七時ですね。ご苦労さまです」

私は繰り返すように言った。河本先生はそれだけ伝えると、「失礼します」といつものように真面目な顔して戻っていった。私は国旗掲揚の式典とは何なのだろうかと思ったが、ともかく広場に時間どおりに行くことだと思った。そこで、そうそうに朝食を食べて一五分前に部屋を出た。今朝は外が薄暗いと思っていたら、空一面に黄砂が覆っていた。階下のロビーに行くと、河本先生が事務室の孫さんと話していた。私が近づくと、「一緒に行きましょう」と言って国旗掲揚場所の中央広場へと向かった。黄砂は前回ほどではなかった。時折、私たちの行く手を遮るかのように、黄色い砂埃が舞い上がった。黄粉のような細かな黄砂は、いつ口の中に入り込むか分からない。私たちは無言で歩いた。中央広場の国旗掲揚の場所に行くと学生たちの姿が見えない。私たちは何もない広場の中で立っていた。すると、ほどなくして我孫子先生夫婦が黄砂の中に表れた。それでも学生達の姿が現れない、それどころか、日本語の学生達が教室へ向かっている姿を見つけた。

「おかしいですね」

河本先生が言うと、我孫子先生もまた「おかしいです」と言った。時計を見ると七時を過ぎていた。それでも中国だからとしばらく待っていると、黄砂の中を孟さんがやってきた。

「先生方、何をしているのですか。国旗掲揚の式典は今日は中止になりました」

孟さんは、驚いたような表情で私たちに伝えた。

「今頃何を言っているのだ。私たちはさっきからここにきて待っていたのだ。もっと早く連絡するのが当たり前だろう。我々を何と思っているのだ」

河本先生は、顔を真っ赤にして孟さんをしかりつけた。

「先生、すみません。私も今知らされたばかりなのです。先生方には中止は知らされていると思いました」

「学生たちは、とっくに知らされていたんだ。中止の理由は何ですか」

「すみません、私も今知らされたばかりなので。理由は知りません。先生方と同じです」

孟さんは、中止の理由も知らされていないといい、「私も同じです」と繰り返した。

「全くいい加減で、相手のことなど少しも考えず、その場になって変更しても平気でいる。中国人の一番ダメなところです」

我孫子先生も怒りが収まらないと言いたげに吐き捨てた。誰もが黄砂の降りしきる中で怒っていた。結局、黄砂の中に私たちは一方的に呼び出され放置されていたのだ。もっとも日本語の女性の先生方は誰も出てこなかった。河本先生の正直な面が、私たちを黄砂の中に晒してしまったようだ。私たちは怒りを抱えたままそれぞれの部屋に戻っていった。

「今日は国旗掲揚の式典があると知っていた人、手をあげてください」

私は中止の真相を知りたいと思って、まず学生たちに国旗掲揚の式典があることを知っていたかどうかを訊いてみた。ほとんどの学生は手を挙げた。手を挙げた中で、楊斌君《ようひん》が素早く言った。

「先生も知っていたのですか」

「私は、今朝、河本先生から聞きました」

「でも、すぐに中止だという連絡がありました」

楊斌君は、何事もないかのように応じた。

「皆さんには、中止の連絡がありましたか」

当局への怒りを抑えて訊いてみた。

「はい、学生委員が知らせていました」

「理由は、なんでしたか」

「先生、黄砂ですよ。今朝、黄砂が激しく襲ってきたので中止になったのです」

当たり前のことだと言いたげに男子学生が言った。

「そうか、黄砂が中止の理由でしたか」

「先生は知らなかったのですか」

一番前に座っていた桂花さんが言った。

「私たちは、中止を知らずに中央広場に行きました」

「それはおかしいですね。黄砂の中にいたことになる」

また、男子学生の声が飛ぶ。

「孟さんが知らせに来るまで、黄砂の中にいましたよ。もっとも中国側の先生たちは誰もいませんでしたが」

私は怒りの気持ちを抑えて応えていた。学生たちの反応はなかった。誰もが黙って口を開かない。楊斌君まで黙ってしまった。

なんだが、単純な連絡の不備というより、どこかに意図的な何かが隠されているのではないか。結局、学生達から中止の理由を聞いて、ますます後味の悪さを感じた。河本先生が私たちの部屋を回った時刻には、すでに黄砂は襲ってきていたのだ。最初から「天候等の条件により、中止もあります」と河本先生に伝えてくれれば、こんな思いはしなくて済んだ。これが中国の「約束は約束、結果は結果」と言うことなのだろう。私たちだけが馬鹿を見た思いがした。

「国旗掲揚の式典はまたやるのですかね」

私は学生たちに訊いてみた。

「分かりません。連絡があればやります。連絡が来なければやりません」

丸い顔の桂花さんが少し口をとがらせて代表者として答えた。

桂花さんは撫順の朝鮮族である。父親は韓国に出稼ぎに行って、もう七年も帰ってこないとのこと。働いているのはソウル市とのことだが、それ以上はよく知らないという。桂花さんの母親は中学校の教師をしている。それにおばあさんと一緒に生活していた。おばあさんの時代は、農業をしていたといつか聞いたことがある。そう言えば、四年生の李海龍君も朝鮮族である。しかし、彼は延辺と言う北朝鮮との国境近くの地方都市出身である。しかもおじいさんは農業を行っていたが、今は高齢で農業は出来なくなっていた。父親はやはり韓国へ出稼ぎに行っていた。まだ、はっきりとは調査していないが、東北師範大学人文学院の朝鮮族の家族のうち、両親のどちらかは韓国へ出稼ぎに行っている。韓国からの仕送りで子供たちを大学に通わせているようだ。それに「満洲」時代に、朝鮮半島における日本統治下で、積極的に宣伝されたのが朝鮮族による満洲農業移民である。朝鮮半島からの農業移民は延辺地域や丹東地域を通って広がっていったのだろう。全体的に北朝鮮に住んでいた人々のようだ。授業よりランニングに力を注ぐ李海龍君の一族は、延辺地域に入り込んできた家族である。その一方で撫順市に住む桂花さんたちの一族もまた北朝鮮の南の丹東地域から入り込んできた人々のようだ。中国東北部には朝鮮族による自治区域は、延辺朝鮮族自治州と長白朝鮮族自治県がある。二〇〇万人の人口だ。学生たちを見ていると、朝鮮族と一口に言っても、出身地域によってお互いどうしあまりうまくコミュニケーションが取れていないようにも見える。「韓国と言っても古くから地域性で凝り固まっている」と親しい韓国東国大学呉珍英《ごちんえい》先生などは言う。「大統領選挙のたびに、新羅と任那が戦っている。これは韓国にとっては古代からの地元意識であり、地域民族的な偏見でもある」などと語っていたことがあった。その意味では北朝鮮は高麗人である。朝鮮人において、地域主義的な意識と言うのは、朝鮮半島全体の根強い問題なのだろう。統一に対する考え方も、かなり異なっているのかもしれない。朝鮮半島専門家でないので深くは分からない。判断できないが、ただそう考えると体制だけの問題ではないようだ。

授業が終わって、研究室に戻ると先生方はいなかった。やむなく一人で学生食堂へと出かけて行った。すると、楊斌君と彼の友人である劉鵬《りゅうほう》君が、私を見つけて、「一緒に食べましょう」と言ってきた。すでに彼らはトレイに食べ物を載せていた。しかも席は確保していた。私はあまり食欲がなかったが、ともかく食べなければいけないと気持ちを引き締めて料理を注文した。トレイに料理を載せて、支払いを済ませると彼らのところへと行った。彼らは食べずに私の来るのを待っていた。いつもそうなのだが、学生たちと一緒に食べるときは、私の料理が来るまではほとんど彼らは手を付けずに待っていた。先生と一緒に食べることも楽しみの一つのようだ。学生たちとの話題は、授業で分からなかったところの質問などが主である。で、そんな質問に答えていると。

「僕は大学を退学するかもしれません」

突然楊斌君が切り出した。

「理由は何ですか」

私は驚いて彼にただした。

「私は宿舎で四年生と話をしました。すると四年生は就職がとても難しいというのです。そんなに就職が難しいならこのままここに居る意味がないと思ったのです」

劉鵬君は、にこにこしながら聴いているだけである。

「君にとっての就職活動は、まだ先の先ではないか」

「でも、私の家はとても貧しいです。親に負担をかけています。これ以上就職のできない学校にいることは、親に申し訳なくてできません」

楊斌君はそう言うと、黙ってしまった。

「こんなことを言うのも、その四年生には悪いが、今大学に残っていて就職活動している学生は、勉強の方が上手く行かなかった学生たちです。学力もあり日本語も出来る学生はすでに就職も決まって研修などに出掛け、今大学に戻っていません」

私はそう言ってから、「楊斌君はどちらの学生たちと話をしていたのですか」と聞いた。彼の話している四年生は今も寮にいて、就職先が見つからない学生のようだ。

「寮にいる四年生です」

楊斌君はぽつりと言った。

「君は人の言葉に惑わされるのではなく、日本語が聴けて話せる学生になれるように努力をしなさい。お父さんやお母さんが、どんな思いで君を大学にあげたか、それをよく考えることです。お父さんやお母さんたちの喜ぶ顔を見たいと思ったら、君は一生懸命勉強して頑張ることです」

「はい、分かりました。頑張ります」

楊斌君は意外に素直にそう応えた。

食事が終わると、学生寮の前まで一緒に行き楊斌君たちと別れた。

次の日、教室に出ると、楊斌君が嬉しそうな顔をして寄って来た。

「先生、昨日あれから就職担当の楊順《ようじゅん》先生に就職について聞きました。現在七〇パーセントの学生が就職先を決めていると教えてくれました」

就職できなかったらどうしようと悩んでいた顔は嘘のように明るい。

「これで退学しないで済んだね」

「はい」

楊斌君は元気よく答え、自分の席に戻っていった。

四月に入ったというのに、昨夜も一時雪が降ったようで、朝起きてみると辺り一面薄っすらとした雪景色であった。しかし、その姿を留めたのは午前中だけで、寒さに変わりがなかったものの、雪は溶けて消えていた。

今日は午後一時半から学部による河本先生在職一〇周年の祝賀会が行われた。孟さんが大きなカーネーションの花束を運んでいた。河本先生と会うと、嬉しそうな顔を見せながらも何処か緊張していた。祝辞に対する返礼の言葉を随分と気にしているようだ。「何も先生が試験を受けるのでなく、感謝されるのですから緊張することはないですよ」と冗談ぽく私は言った。それでも緊張は隠せなかった。昼食に一緒に出かける際にも、祝賀について感想を漏らしていた。

今朝、孟さんに会ったとき、彼女から祝辞の原稿を私は貰った。彼女は河本先生の第一期の学生である。祝辞は彼女の河本先生に対する尊敬の文章だった。それに河本先生の人柄を語っていた。授業で見せる眼差しと、アフターケアーに見せる学生への熱い思いである。「素晴らしいですね」と私が感想を言うと、「でも、事実だと思います」と嬉しそうな顔をして笑った。

学生食堂で食事を済ませ、集合時間になって研究室へ戻ると、「ちょっと、見ていただきますか」と言って今度は河本先生から、謝辞の原稿を渡された。すぐに目を通すと、この一〇年間のことを淡々と語りながら、これから先のことを「夢」として捉え、自分を鼓舞しながらも、「夢」の実現に向けて全力を尽くすという決意表明になっていた。原稿には河本先生の真面目な性格が滲み出ているだけでなく、日本に帰るという退路を断ち切って、この地に骨を埋める覚悟を表していた。その上で、自分なりの「夢」を語っているのだ。ある意味では悲壮感すら見え隠れする。

「河本先生、とてもいい文章です。一〇年という節目を更なる夢に向かうのですから。私がそうでしたように、これからは夢の実現のためにも早く奥さんを貰ってください。私の滞在中に結婚式をしてください」

我孫子先生も一読すると冗談ではなく、本気になって言った。河本先生はその話を聞くといつも笑っていたが、内心では複雑な思いが過ぎっているのだろう。今回、奇しくも孟さんの祝辞の最後にも結婚を促す言葉で締め括られていた。河本先生もそろそろ五〇歳に手が届きそうな年齢になっていた。

祝賀式は会議室で行われ、河本先生は大学側から副教授に任命された。「特別な外国人専門家」という称号を与えられて、祝賀式が終わった。

旧満蒙開拓団の一地域の阿城へ行く

今朝、窓の傍へ寄ってみると、窓ガラスに薄っすらと雪の姿を見た。そういえば天気予報では小雨のち小雪と報道していた。小雨は夜明け前に降ったのだろう。室内は少し寒いが、それでも一頃の寒さとは比べものにならない温かさである。先日、研究室にいると、別のクラスの学生たちがインタビューに尋ねて来た。その学生の一人が私に訊いた。

「先生は程さんたちと阿城区へ行かれるとの事ですが、目的は何なのでしょうか」

「えっ、その話、誰から聞いたの」

突然のことなので、私は驚いて逆に聞き返した。

「程さんから直接聞きました。徐さんも一緒に行くと言っていました」

「そうか、徐君や程君たちは一緒に旅行をすることを楽しみにしているのか」

私はそう答えながら、インタビューをしてきた学生たちに「哈爾濱《ハルビン》市阿城区には」と言いながら話し始めた。かつての「満洲国」時代に日本から阿城大谷開拓団と言う農業開拓移民が入植した。その中に、私の友人の両親がいて日本の敗戦間際には父親が関東軍に召集されていた。残された母親と子供たちはソビエト軍の侵攻に晒されて、逃げまどい、敗戦と同時に集団収容させられたりした。しかし、その後は日本へ帰還するための逃避行となった。多くの開拓民は女性と子供、そして年配者ばかりで頼りとなる男たちは関東軍によって先に移動していた。友人の母親もまた苦難の逃避行が始まった。「一度は、中国人の嫁さんになり子供たちを守ろうとした」とも言う。一年にわたる逃避行は幼い娘を死なせていた。もちろん開拓団は農業に限らず、林業移民なども あった。ソビエト軍の参戦で敗走する開拓団の悲惨さは麻山事件が示す四百数十人の集団自決をはじめ八万人という死者を出していた。それでも日本にたどり着いた多くの開拓団には、もともと狭い土地を納税のために売ったりして、帰る当てのない農民たちもいた。日本の大地に苦労して引き上げてきても、帰る当てがなかった。阿城大谷開拓団は住む場所を探し続けて、日本の各地をさまよいやっと北関東の那須の原野に再び開拓団として入植した。那須の原野は荒れた荒野そのままである。そこでの開拓は住むところ食べるものもないところから出発した。それが彼らの戦後であった。そんな苦しい体験を持った人たちの原点がハルビン市阿城区にはあると話した。もちろん中国人にとって、「満洲国」は日本傀儡政権であり、開拓団は侵略者であった。しかし、日本の農民たちの満蒙開拓団は貧しい農民ゆえに、国家が強いた植民地政策の犠牲者でもあったのだ。友人の母親が話してくれた阿城区にはぜひ行ってみたいと思っている。

「でも、まだはっきりと旅行は決まっていない。当分延期になるかもしれない」

話の終わりに、彼らにそう伝えた。

「まだ、決まっていないのですか」

彼らは少しがっかりしたような顔を見せた。それでインタビューに来た学生たちは、歴史に疎いのかそれほど関心も持たず、結局は帰っていった。私としては、これで旅行は延期になると思った。彼らが程君たちに説明の結果を知らせるだろうと思ったからだ。ところが午後の授業になって教室に出てみると、二人が活き活きとした顔つきで席に坐っていた。そして、私が教壇の前に来るより早く立ち上がり、私の傍へとやってきて時刻表を取り出した。

「先生、阿城区への午後の列車は四時過ぎでないとありません」

徐君は二度目の旅行となるので、積極的に伝えてきた。彼らはすでに私と旅行する気持ちでいたのだ。インタビューの学生たちは、彼らとは何も話していなかったようだ。私は迷ったが二人の期待を裏切りたくはなかったので、彼らの差し出した時刻表を見た。時刻表では当初私が期待していた時間帯に哈爾濱行きはなかった。やはり行くのなら哈爾濱へ再び行ってみたいと思った。だが、授業の開始時間も迫っていた。

「後で再検討しましょう」

そう言って、私は彼らから時刻表を受け取った。

一時限目が終わった後で、孟さんに哈爾濱経由阿城行きを伝えた。すると学部長にも知らせてくださいと言われた。このところ学部長の姿が見えないので、連絡ができなかった。孟さんは自宅の電話を教えてくれた。ところが、電話をしてみると病院へ行ったのだろうか、留守だった。いずれにしても今日は哈爾濱経由で阿城へ行くことを決めていた。徐君や程君も旅行気分になっていた。我孫子先生にも伝えに行くと、我孫子先生は所用で北京へ行くことになっていた。

二時限目の「会話」の授業が始まると、二人の態度がそわそわしていた。そのうち徐君が手を挙げた。何か質問かと傍にいって訊ねると、小さなメモを渡してきた。見ると「一一時になったら着替えや銀行へお金を下ろしに行くので教室を出ます。よろしいでしょうか」と書いてあった。読み終わって二人の顔を見ると、今にも出掛けたいといった嬉しそうな笑顔である。まるで子供のような喜びにあふれていた。「何を考えているのやら」と思いながらも、「だめです」と答えた。今回も授業とは異なるいわば私的な調査旅行である。私の声を聞いた二人の表情がたちまち暗くなっていった。静かに授業の終わるのを待つと観念した態度である。で、今度は授業が終わると、終わりの挨拶もそこそこに、急いで宿舎に戻ろうとした。

「徐君、ちょっと待ってください」

教室のドアの外へと急ぐ彼を呼び止めた。出発時間を確認するためである。


出発時間を確認する。列車は一三時三〇分発の哈爾濱行きに決定した。私は出発時間が早いのではと思ったが、彼は頻りに「大丈夫です。乗れます」と言った。

「それでは一二時に私の部屋に迎えに来てください」

「はい、一二時ですね」

二人は真面目な顔になり、張り切ってそう言った。彼らが教室を出ていくと、私は居残っていた嬌嬌《きょうきょう》さんと麗萍《れいひん》さんに、「今夜は中国語の学習を休みます」と伝えた。このところ二人に中国語を教えてもらっていた。週に一度の勉強会である。彼女たちは、「それなら別の日にします」と言って、日にちを変えて教えに来てくれると言った。私は感謝して教室を出た。

研究室へ戻ると、共学部長の姿を見付けたので早速、哈爾濱行きを伝えた。共学部長はまだ風邪が治っていないようで、少し咳き込んでいた。河本先生には二時限目の前に伝えた。すると、河本先生は窓の外を見ながら「雨が降っているので気をつけて行ってください」と言った。そういえば、河本先生が学生たちと旅行したという話は聞かない。それだけではない、河本先生自身が長春市内から出かけない。旅行の話は聞いたこともなかった。それでもいよいよ出発だと思いながら自分の部屋に戻っていった。部屋に戻ると、急いで支度をし始めた。なにしろ出発時間が迫っていた。着替えをしていると、徐君と程君が迎えに来た。彼らは特に着替えもしていない。教科書を寮においてきただけのようだ。彼らは開けたドアの向こうでうれしそうに笑っていた。そして、「先生、行きましょう」と私を急かせた。校門の前でタクシーを拾うと、カメラを忘れてきたことを思い出した。

「カメラを持ってくるのを忘れた」

私は一番肝心な物を忘れたと思って彼らに言った。

「先生、大丈夫です。私が持っています。五百枚は写せます」

程君は携帯電話を手にして得意げに言った。彼はいつも彼女と交信するために携帯電話を持っているのだが、こんなときに役に立つと自慢げである。それでは心もとないので私は急いでカメラを取りに部屋に戻った。

長春駅に着くと相変わらず人であふれていた。それでも前回の哈爾濱行きのときのように、きっぷ売り場で押し合うような混みようではなかった。ところが一三時三〇分の切符を買い求めると、すでに売り切れていた。やはり中国人の人数の多さはここでもはっきりしていた。それが分かっていたので、何度となく徐君に「前日でなくても必ず切符は買うことが出来るのか」と訊いた。そして、「前日に切符は買うように」と伝えた。ところが返ってきた答えは「大丈夫です。買えます」と自信満々に言っていた。さすがに切符が買えないとわかると、徐君は萎れてしまった。程君は私たちのやり取りを見ていて、「こんな時、日本語では何というですか」と訊いてきた。「あてにならない」という言葉を教えると、「徐さんは本当にあてにならない人だ」と繰り返し言って笑っていた。やむなく、次の列車の切符を買って、駅構内のレストランへと向かった。次の出発時間は四時間以上の待ち時間となってしまった。まったくのロスタイムである。しかし、これも中国的「没法子《メイファーズ》」（仕方がない）と諦める。

日本人はいつも始まりと終わりのことは気にかけている。だが中国的な考え方は始まりが決まれば、あまり終わりのことまでは気にしない。いや考えないのかもしれないと思い知らされる。時間が果てしなくゆっくりと流れているということであるようだ。そして、「いつか終わりが来るが、それは次に来た人が考えればよい」とまで時には言っているような気がする。

徐君たちが探したレストランに入ると、客であふれかえっていた。中国の大都市はどこでもそうなのだが、ともかく人で溢れている。そして、絶対数が足りない。確かに日本でも同じようなことが言えなくもない。それにしても日本の比ではない。私たちは席を探して歩いた。席を見つけると、今度はゆっくりと食事をとった。時間がたっぷりあったからだ。それでも立ち上がらなければならない状況が来ると候車室《ホーチャーシー》（待合室）へと向かった。授業を終えて急いで長春駅まで来たので私は疲れていた。どこかで一休みしたいと思った。休憩するなら候車室がいいと彼らは言う。私は彼らの言葉を信じて候車室へと歩いた。ところがここも乗客たちで一杯である。大きな荷物を持って遠い地方の家に帰る人たちである。高い天井から弱い光が差し込んでいた。その光に映し出されたどの顔も労働の後の疲れた表情がただよって見えた。そんな乗客たちの中に、腕に黒い腕章を巻き「孝」という字を書いている人達がいた。二人に訊いてみると、親か親族が亡くなったからだと言った。日本と変わらぬ喪章である。

人の汗の入り混じった匂いと喧騒に満ちた候車室。一月の哈爾濱行きの時と違って、学生たちの姿は殆んど見られなかった。彼らは週末にはあまり遠くへは出掛けないのだろう。候車室のプラスチックの椅子は広間一杯にあったが、すべて先客が坐っていた。そんな混雑した中で、偶然一つの椅子を見つけた。

「先生、どうぞ空いています」

二人は宝物を見つけたかのようにまじめな顔して私を座らせた。彼らは私の前に立ち、時々喫煙室へと出掛けて行った。二人ともヘビースモーカーである。私は疲れていたので、座ったまま一寝入りをはじめた。

さて、一寝入りしていると、突然、程君が私を揺り動かして言った。

「先生、列車に乗ります。みんな行ってしまいました」

私は目を覚ますと同時に、改札口近くの丸い時計を見た。一六時半の発車には余裕がある。程君は私たちの切符を見せながら、早口で続けた。

「後、十分しかありません。急いでください」

徐君はすまなそうな顔をしながら「急いでください」と言って、私の腕を取っていた。私が立ち上がると、彼らは長蛇の列を作っている乗客たちを押し分けて改札口へと向かった。

「先生、早く、早く」

程君が先になって人をかき分けた。これも徐君の勘違いであった。彼はまだ三〇分も余裕があると思い込んでいた。程君が何気なく切符を見て驚き、私を起こしたのだ。私たちは人ごみをかき分けながら改札を抜けて、急いでホームへと向かった。すでに発車一〇分前である。他の乗客たちは皆座席に坐っていた。列車内も混雑していた。荷物を持って立っている人たちもいる。そんな乗客たちをここでもかき分けて、座席に辿り着いた。

「徐さんは当てにならない人だ」

程君は席に着くと、また「当てにならない」を使って言った。

私たちを乗せた列車は時刻表の通りに長春駅を発車した。もっともその後の列車の動きは決して褒められるものではなかった。のんびり、のんびりと哈爾濱へ向かって進んで行った。プロレタリア作家葉山嘉樹の終焉の地・徳恵駅に着いたのは一時間半後であった。すでに辺りは暗く、徳恵駅の西側に一つだけネオンの咲いたホテルが見えたが、列車から見える町全体は建物が低く、他にはほとんど建物らしき影さえ闇に包まれて見えなかった。快速だと徳恵までは長春から三〇分足らずのところだと徐君は言う。慣れない硬坐席にたちまち疲れてしまった。列車の中では乗客たちが声を張り上げるようにしておしゃべりしている。隣同士になっただけで一〇年来の知己のような親しさである。徐君たちが買い込んだ新聞を、「ちょっと見せて」と言うと、まるで自分たちが買って来たかのように読み始めた。徐君たちは彼らの読み終わるのを待って、次の記事を読む始末だった。それでもお互い同士、気にとめる風でもない。日本などでは考えられない風景である。

朝から降り続いていた小雨も哈爾濱駅に着くころには止んでいた。徐君が買ってくれた切符は、長春一六時発、哈爾濱経由列車で鶏西駅《ジーシー》まで行くのである。

私たちは疲れ切って哈爾濱駅に一一分遅れで到着したが、哈爾濱駅では下車せず阿城駅まで乗り続けた。哈爾濱駅では三一分間、列車は停車した。発車予定は過ぎていたようだが、点検整備でもしていたのだろうか。理由は車内放送されるわけでもないので分からない。二〇時四二分、ゆっくりと再び列車は動き始め、終着駅の鶏西駅へと向かった。列車の中は再び人々の話声などで喧騒をもたらした。既に多くの乗客が哈爾濱駅で降りた。新しく乗ってきた乗客は、それほど多くはなかったのだが。それでもにぎやかさは変わらない。意外だったのは私たちの回りの席では、長春駅から同席していた女子大生が降りただけであった。後の乗客たちは変わらなかった。私の右斜め前方に見える若い人民解放軍兵士は、殆んど口を開かず時折目だけを人に投げかけている。今も同じように深々と軍帽子を被り、押し黙ったまま座席に坐っていた。程君の隣に坐り、向かい合った二人の中年男性はソーセージを頬張りながらパンを食べていた。その隣に坐った女性は彼らに仕切りと話しかけていた。彼らは何度も彼女の話に相槌を打ち、食べながらも答えていた。その一方で徐君の隣の男性は話し疲れたのか、徐君の新聞を読みつづけていた。徐君も新聞を読んでいたが、すでに自分の持っている新聞は読み終わって、彼の読み終わるのを待っていた。そのうち列車は阿城駅に到着した。阿城駅への到着は哈爾濱駅を出て一時間後であった。

阿城駅に降り立つと駅前はひっそりとして薄暗い。そんな薄暗い中でタクシー運転手がしきりと客取りをしていた。中には腕をもったまま離さないタクシー運転手もいた。いち早くカバンをトランクに詰め込んだりもしていた。その執拗な態度に二人は驚いたようだ。

「先生、気をつけましょう。この先でホテルを探しましょう」

二人は私の腕を取りながら言うと、タクシー乗り場から離れた。ところが、振り返ってタクシー乗り場を見た時には、一台もタクシーはいなくなっていた。阿城駅前の暗さは遠い昔の出来事を呼び起こすかのように静かに沈んでいた。開拓団が入植したころはこんな暗さがにじんでいただろうと思われた。哈爾濱市の隣の街だというのに、ホテルらしい建物が一軒も見当たらない。ところどころに小さなネオンに映しだされた「旅館」の文字が見えるだけである。

「あの旅館に行きましょうか」

何も知らない私は一軒の旅館を見つけて彼らに言った。

「先生、あんなところに泊まったら、みんな泥棒に盗まれてしまいます」

私が見つけた旅館を指さすと、程君たち口をそろえて否定した。まるで何もわかっていないと私に言いたげだ。

「旅館に泥棒がいるのですか」

「ベッドがあっても、みんな一緒に寝ます。朝起きると何もないです」

盗まれた経験があるとばかりに程君は言う。旅館をあきらめしばらく歩いて駅前を離れた。ますます暗くなった道を歩いていると広い交差点にでた。交差点の近くに「公安」と書かれた白い車が止まっていた。「公安」とはパトカーである。二人は安心したようだ。

「ちょっとホテルを訊いてきます。ここで待っていてください」

そう言い残すとパトカーに近づいていった。ほどなくすると戻って来た。

「先生、阿城区はもっとずっと遠いです。タクシーで行かなければなりません」

どうやら阿城駅は街からだいぶ離れているようだ。どうりで商店街もほとんどなく、民家もまばらであった。それで、タクシーを拾って乗客たちは駅前から消えていったのだと理解した。暗くなった交差点で、今度はタクシーが戻ってくるのを待ちながら、戻ってきたタクシーを拾って市街へと向かった。タクシーは阿城駅からかなり遠くまで真っ暗になった夜の道を走った。どれほど走ったのだろうか、やがて民家やアパートのような建物が増えだし、街が大きく開かれてきた。そして阿城賓館と言うホテルの前にタクシーは着いた。タクシーの運転手に教えられてのホテルである。阿城区は哈爾濱市街とは比べものにならない小さな街である。それでも地方の都市としてはかなり大きな都市である。いたるところにネオンが輝きホテルが立ち並んでいた。案内された阿城賓館は比較的安いホテルである。もちろん泥棒のいないホテルのようだ。

阿城区内を見学する

朝七時前に私は目を覚ました。

「明日は何時に起きますか」と訊いてきた二人はまだ心地よく眠っている。シャワーを浴びるつもりだったが、顔を洗い歯を磨いて終わりにした。七時半ごろになって二人が目を覚ました。

「朝食は八時までです」

まだ寝ぼけ眼で二人が言った。彼らに時間を告げると驚いて直ぐに着替えを始めた。

昨夜は一〇時過ぎに阿城賓館に着いた。部屋を決めると近くの食堂へ食べに行った。もう、ホテルでは食事時間が終わっていたようだ。フロントで言われた飲食街は古い楼閣風の建物で、そこには意外に多くの小さいレストランが軒を並べていた。その一角で食事らしき物を取った。まあ、殆んど彼らの好きな唐辛子の利いた肉だらけであつたが、ビールで乾杯して食事を楽しんだ。それにしても駅に降り立ったときはタイムスリップでもしたのではないかと思ったほど、街の明かりが乏しく暗かった。しかも閑散とした雰囲気の中で、寂れたマンションの民家風情は痛く心を重くさせた。

哈爾濱市阿城区でもかつて日本軍国主義の中国大陸侵略の歴史と共に、農業移民の開拓団が入植した。入植者たちは僅か数年後、日本の敗戦により棄民状態におかれた。農業移民開拓団のその後は、中国大陸を逃げまどい惨憺たる逃避行である。その過程ではほぼ八万人とも言われる尊い命が奪われた。多くは女子や子供たちが犠牲となった。私の知人でもある帝京大学文学部教授小川津根子氏の『祖国よ』（岩波新書一九九五年発行）のなかに「八月九日のソ連侵攻と、それにつづく敗戦の混乱の中で死亡した日本人は、全体で約一七万六〇〇〇人。そのうち開拓団関係者は七万八五〇〇人と、全体の死亡者の半分を占めていて、」（中略）「一九六六年、帰国した関係者が情報を持ち寄って集計したところでは、この死者のうち、戦死、または自決によるものが一万一五二〇人、不明一万一〇〇〇人、不明のうち死亡処理とみられるもの六五〇〇人、生存見込四五〇〇人」（二八頁）と記されている。不明の中には当時中国残留婦人とか残留孤児とか言われた人たちである。小川氏は『長野県満洲開拓史』による長野県の開拓団、勤労奉仕隊、青少年義勇軍について「三万三七四一人」と記し、「名簿篇」は「一〇七五ページ」に渡って「全員の氏名と記載事項でうずまっている」どのページにも「目に付くのは『未帰還』『死亡』の字である。『死亡の事由』のある欄には、自決、殺害、衰弱、栄養失調、発疹チフス、はしか、大腸カタル、消化不良、急性肺炎、感冒」とあり、「逃避行中の惨劇や収容所での悲惨な状況を物語っている」（三一頁）と記していた。このような環境で、辛酸の極みを嘗め尽くして日本に逃げ帰った人たちがいたのだ。一〇年前、私の友人のお母さんが下を向きながら、私の質問に答えようとしてくれた。言葉を搾り出すようにして語る開拓団での生活と逃避行であるが、友人の母親は小柄な体を更に小さく丸め、何度も何度も「もう忘れました」と言いながら話したのだ。

彼女は娘時代に、国策として推し進める満蒙開拓団が何を意味していたのか知らなかった。ただ「大陸の花嫁」の国策宣伝が流行し、それに乗せられるままに「阿城」へとやってきた。しかし、豊かな大地とは裏腹にここは他国であり極寒の地であった。それゆえ決して豊かな生活が待っていたわけでもない。彼女が「大陸の花嫁」になってから間もなく子供が生まれ、やがて一九四五年の夏を迎え、夫が関東軍に招集されると間もなく日本は敗戦になった。不安だけが周囲から忍び寄って来る中、頼りとする夫は探したくても軍の配属先も分らず、逃避行の一員に加わった。そこで待ち受けていたのは、大切な赤ん坊の飢え死にだと言う。飢えは自身にも襲い、多くの人がそうであった様に、親切な中国人と再婚をしようと考えながら、何度も思いとどまり一年後に日本に辿り着いたという。その時、友人は自分の母親の口から、農業移民開拓団の話も、逃避行の話を聞くのも初めてだった。その晩、母親は朝方まで魘《うな》され続けていたという。「もう絶対に農業移民については聞かないでください。母親にとっては残酷な話なんです」とその後、彼に会うと言われてしまった。それ以来、私は「阿城」が心の中に引っかかってしまった。いつか再び中国へ行くことがあったら、必ず阿城を尋ねたい。何も分らない娘たちを国策で煽り、しかも侵略のために動員する。「大陸の花嫁」とまるでユートピアがあるかのように流行らせ、未来と希望をまことしやか宣伝し、国民を手玉に取る。そんな時代への怒りとともに、私の中に小さな意思となって阿城が存在したのだ。ところで、友人の母親は山形県の出身であった。その山形県は長野県に次いで二番目の満蒙開拓民の選出県である。「一般開拓、三千五百九十五戸、一万三千九百五十一人。義勇隊開拓団三千六百八十戸、四万一千六百四十一人。計五万五千五百九十二人…七千四十一人が終戦の混乱時に満洲で命を失っている（県調べ）」『昭和のやまがた50年』（山形放送編著一九七六年）に書かれていた。

その阿城にやっとたどり着いた。

「偽満洲時代、阿城に日本の農業移民開拓団が入ったのですが、聞いたことがありますか」

徐君と程君は昨夜も食事をとりながら、会う人ごとに聞いてくれた。しかしながら誰も知らないと言う。今朝は道行く年寄りにも聞いてくれた。阿城区の市民たちはすでに遠い過去として忘れているのだろうか。そんなことはないはずだと思いながら、訪ね歩いたが「聞いたこともない」との返事ばかりを繰り返された。中には「哈爾濱の資料館で調べた方がいい」と当然のことのように言われたりもした。日曜日でなかったら役所の窓口へと向かったのだが、あいにくの休日である。

呂元明先生や我孫子先生と一緒に来たほうが良かったかもしれない。あまり近代史に関心を持たない学生たちとのフィルドワークはやはり無理だったようだ。彼らの日本語の勉強も兼ねてと欲張ったが、なんとか日本語だけは目的を果たした。徐君や程君たちの日本語で私と話そうとする姿は真剣そのもので、前期の終わりに徐君と一緒に行った哈爾濱旅行と同様だった。それが今回の成果とも言えそうだ。しかし、開拓団跡地という歴史の現場にはたどり着けなかった。「郊外に金上京《ジンシャンジン》歴史博物館があるから行って見たら」と、ホテルの係員に勧められた。私の目的は阿城駅に降り立ち、街を見たことで少しだけ開拓団のいた空気を吸うことができた。できれば郊外のどこかに出かけられたらもう少しよかったかもしれない。

朝、ホテルの部屋から阿城街を眺めた。昨夜と違ってかなり大きな都市であることも分った。昼近くになると、開拓団など興味のない二人の学生たちは、金上京歴史博物館に興味を持ち始めていた。一二世紀の女真族による金王朝の都がここにあったという。私たちはタクシーに乗って郊外に出ていった。広々とした農地が果てしなく広がっていた。かつてはこの辺りに開拓団が入っていたのかもしれないそう思わせるに十分である。私は金上京歴史博物館を見学して、別な歴史の世界をまた知らされた。

授業の間にもいろいろ

一九三二年一〇月、「満洲国」に日本の国策であった第一次武装移民が佳木斯《ジャムス》に到着した。これが満洲農業開拓移民のはじまりである。その一地域である哈爾濱市阿城区へ、クラスの徐征君と程君を伴って旅行をした。その結果、印象深い旅行ではあったが、その一方で教案づくりは遅れてしまった。当然次の一週間にしわ寄せがいった。それだけでない。中国で買ったＵＳＢリームバブルが粗悪品であった。これまで入力したテキスト関係の資料のすべてが使えなくなっていた。パソコンにバックアップする時間を惜しんだことが今更ながらに後悔した。おかげで、教案づくりに対する気持ちの落ち込みが深かった。また最初から作り直さなければならないからだ。

今朝はＵＳＢショックを抱えながら出勤する。いち早くコンピューターに詳しい曽威《そい》先生を捕まえようと研究室の前で待ちかまえていた。

「お早うございます。先生、どうされましたか」

楊純《ようじゅん》先生が事務室から出てくると私を見て挨拶しながら訊いてきた。

「楊先生、実は困ったことが起きました。ＵＳＢからパソコンへの入力ができないのです。曽先生に一度見てもらいたいと思って待っています」

私は挨拶よりもこちらが大切とばかりにＵＳＢを見せながら言った。

「それは困りましたね。残念ですが、曾先生は今日の午前中は休みです。午後から出勤する予定なんですよ」

気の毒そうな表情を見せて楊純先生は言った。

「えっ、休みですか」

ＵＳＢを手にしたまま私はがっかりして応えた。

「それじゃ午後からじゃないと来ないのですね」

あきらめきれない思いで私は言った。なにしろパソコン関係は、ここでは曽威先生を頼るしかない。

「残念でしょうが、午後からきてください」

楊純先生に言われて、足取り重く私は研究室に戻って行った。河本先生はすでに教室へと出られていた。我孫子先生も同様である。誰もいない研究室で、授業に出かけるために、カバンを持った。手にしていたUSBは机の引き出しに入れた。

今朝の一限目は「会話」の授業である。プリントは三日ほど前、学生たちに渡しておいた。今回こそはみんなが暗記していてくれただろうと期待した。だが、授業が始まると期待したほどの成果もなかった。テーマは「うたう」であり、中国の唐時代の詩人、王維《おうい》の「送元二使安西」(元二《げんじ》の安西《あんせい》に使いするを送る)を活用した。王維の漢詩はそれなりに関心を引いたことは事実だった。程君などは珍しく、別な詩人の漢詩などを電子辞書から引き出して楽しんでいた。彼は漢詩が好きなのだ。二人一組の会話もプリントを見ながらであったが、積極的に参加して来た。普段無口な曾鳳鈴《そおおりん》さんなどは「蘇軾《そしょく》(蘇東坡《そとうば》)が好きな詩人です」と言っていた。蘇軾と言えば、先般程君が黒板に『赤壁賦』を長々と書いていたことを私は思い出す。『三国志』で有名な三国時代、圧倒的な水軍を持つ魏の曹操に対抗して、呉の孫権と蜀の劉備が連合軍を形成して勝利する戦いである。

学生の中には中学校や高等学校で漢詩を習ってきていた学生がいた。今更漢詩などに興味はないのだろうか、会話には乗ってこなかった。それでかえって関心を削いだ形になった。短い会話言葉としての漢詩には興味が持てないようだ。学生たちの中には三日の余裕があっても暗記すらしてこない学生がいた。

　授業が終わると落ち込みながら研究室へ戻っていった。

「今日の学生たちの反応はどうでしたか」

　私の顔を見ると、心配そうに我孫子先生は訊いた。会話の授業で、漢詩をやって見ると話していたからだ。

「いや、思っていたほどの関心はなかったですね」

「漢詩は、最近の若者たちには人気がありませんからね。私も一度試みましたが、無視されましたよ」

　我孫子先生はそう言いながら笑っていた。やがてカバンを持つと立ち上がった。

「私は次の授業に行ってきます。そう落ちこまないでください。先はまだ長いです」

　いつも気を取り直しているのは私だけではない。我孫子先生にもそれが感じられた。

　私は我孫子先生を見送ると、先週の小テストの採点の残りを取り出して、採点の続きを行った。

　先生方のいない研究室は、味気ない感じがした。採点をつけ終わると食堂へと出かけて行った。

　一時限目の授業が終わった時、「先生、食事を一緒にしましょう」と楊柳《ようりゅう》さんに食事をさそわれていた。彼女はいつでも天真爛漫である。自分が思っていることだけに関心が向く。会話力もめっきり高くなり、今では自由に会話ができる。おかげで、ついつい彼女の会話の相手をさせられてしまう。それに彼女は食事をしながらでも、学生たちの情報を流してくれる。私のほうも学生たちを知るうえでありがたい。

「賀倩倩《がせんせん》さんは毎日一二時過ぎまで勉強しています。電気は消えていますが、自分の蛍光灯を使っているのです」

今日の楊柳さんは賀倩倩さんについて話しだした。

「賀倩倩さんは読解や聴解はできるのだから、もう少し積極的になれば直ぐに会話も上達するはずですよ」

私が思っていることを楊柳さんに伝えた。

「私もそう思います」

楊柳さんはまじめな顔して応えてくる。賀倩倩さんの友達に張春艶《ちょうしゅんえん》さんがいた。彼女は小柄だが、賀倩倩さんとは性格がまるで正反対だ。とても自由な性格である。「最近少し太り気味」と言ってダイエットしていた。友達とは不思議なものである。賀倩倩さんの影響もあって、意欲的に授業を受けているのが感じられた。

「先生、日本には援助交際と言うのがありますけど、中国にも同じようなことはあります」

突然授業中に張春艶さんからそう話しかけられた。何を思って切り出したのか。当惑している私に、「ほんとうです」と言って笑っていた。その笑顔が童女のような明るさであった。

楊柳さんとの食事を終えると、私は自室に戻って行った。しばらくベッドに横になって休憩し、それから午後の授業のために研究室へ戻った。研究室に入る前に曽威先生たちの部屋を再び覗いてみた。

部屋の扉は半開きになっていた。

「あっ、先生！先ほどは失礼しました。曾先生は今日は一日休みになりました」

私の顔を見るなり、楊純先生が申し訳なさそうに言って近づいてきた。

「あ～あ、残念です」

私は大げさな身振りを交えてそう返した。これで今日はＵＳＢが使えない……

「先生が、がっかりするのも分かりますが、明日も休みになりそうです。だいたい彼の口調でわかります。でも、月曜日には出てくると思いますよ」

楊純先生は屈託のない大きな声を出していた。顔はにこやかに笑っている。

「残念です」

私は再び同じ言葉で繰り返した。私の思いが届かなかったようだ。

「分かりました。それじゃ、月曜日に来てみます」

楊純先生にそう伝えて研究室に戻って行った。

後期の授業が始まってから私たち三人の教師は、公寓のロビーの一角で週一度の同時通訳教室

週一度の同時通訳教室

を開くことにした。すでに何回か行われ、今回は学生たち三年生が一一人集まった。そのうち新人が半数くらい出席した。学生たちに参加を募るのだが、集まり状況はあまりよくない。

今夜は我孫子先生が北京へ行ったときの話を中国語で語り、その通訳を学生が日本語に同時通訳することがテーマであった。ところが、最初は観光巡りを語り始めた我孫子先生であったが、次第に話に熱が入ってきた。何かにつけて中国の現状に対する不満を持っている我孫子先生は、まるで憂国の志士のようになってしまう。

「いつまで、こんな中国でいるのだ。それではだめです」

口癖のように我孫子先生は繰り返す。やがて話の途中で一つの菓子箱をみんなの前に置いて語りだした。

「この菓子箱を見てください。箱はとてもきれいです。しかし、このような菓子箱一つとっても、いい加減な製品をあたかも上等な製品として売り出しているのが分かります。何を売っても平気でいるのが中国人です。自分の国の消費者を馬鹿にしている。少しでも知識のある人なら、この製品がいかに粗悪な物であるか一目でわかる」

我孫子先生の言葉が強くなったので、何事かとみんなは箱を見続ける。すると我孫子先生は箱を開けて、中から包み紙に包まれたビスケットを見せた。そこにはカタカナで『ビシケシト』と書かれていた。やっと気づいたのだが、美しい箱にも『ビシケシト』の文字が書かれていた。我孫子先生は尚も声を荒げて、あきれたと言わぬばかりに続けた。

「外国の物、とりわけ日本の製品、韓国の製品というと、誰でもいい物だと思っている。そこを狙って、あたかも日本の商品であるように、日本語で書けばありがたがって消費者が買うと思っている。しかし、それも独りよがりで、この通りまともな言葉で書くことが出来ない。『ビシケシト』これだ。日本では製品の名前を間違えるなんて全く考えられないことだ」

先生の怒りは収まりそうもなかった。中国人としてのプライドが同じ中国人の日常性に切り込んでいくのだ。

そこで、かつて日本も同じような時代があったことを私が説明することになった。もう、同時通訳などない日本語での会話である。

「我孫子先生は常々、中国は発展途上の国ですといいます。日本も敗戦後は何もない状態が続きました。その時代は中国の現状とは比べられないほど、ひどいものを売ったりしていました。特に戦後から高度成長期は、偽物だけでなくレベルの低い製品が随分横行していました。中東大市場の靴のようにすぐに履けなくなる代物もありました。船来と言えば高価なもので、偽の船来も横行していたのです。『安かろう悪かろう』の言葉が当然のように言われましたからね。朝鮮戦争やベトナム戦争などの特需があって生産力が上がり、消費者の生活力が豊かになり始めたのです。日本人はやがて生産力が上がるに従い、その中に問題があると知らされた。それが公害問題であり、命に関わる被害でした。広く日本に蔓延しました。それからです。消費者の意識は大きく変わりました」

我孫子先生の憤懣を解消するわけではなかったが続けた。

「確かに先生の言われるとおり、中国は改革の道程が長いです。だからといって何時までも現状のままではいない筈です。それが問われるのは中国社会の経済力が国民に行き渡るような発展であり、情報社会のもたらすグローバル化であると思います。中国の消費者は何も権利を主張しないように見えますが、日本も同じ過程を踏みながら、アメリカ、ヨーロッパ同様の情報化社会になり、経済力の豊かさに伴って今日の消費者の姿に変わっていったのです。ですから中国社会の、とりわけ消費者の発展は、これからの生産力と比例するかと思いますが。ただし、国民全体に行き渡ることが前提です」

「確かに、先生の言われるように中国の発展途上というのは何も経済ばかりでなく、その国の意識もまた発展途上なのです。ですから『ビシケシト』だけの問題ではないのです。一事が万事であることが問題なのです。どこへ行っても『ビシケシト』と同様なことが見られる。実に恥ずかしいことです。公に見られるパンフレットも同じ、それでいて平気です。日本語で書くなら誰か日本語のわかる人に見てもらったらいいだろうに、安易にそれでヨシとしている。日本人が見たらどう思うか、母語の外国人が見たらどう思うか、そんなことなど考えても見ない。それが中国人です」

なかなか我孫子先生の憤懣は収まらない。傍で聞いている学生たちはただ黙って二人の先生を見つめているばかりであった。

「それでも中国の現状をかばうわけではないですが」

再び、言い足りないと思った私が経験的に見てきた話を続けたりした。このような話は、聴いている学生たちにとって面白くもないのだろう。それにもかまわず、我孫子先生との話は終わりを見せなかった。

「ところで、だいぶ時間が過ぎました。そろそろ今日のところはこの辺で終わりにしましょう」

話が違ったほうへと流れていたと思っていたのだろう。河本先生はいつもの元気さを表情に表しながら話を遮るように言った。河本先生の言葉が合図のように、学生たちはテーブルに並んでいたお菓子を、手渡しなどをしながら食べ始めた。学生たちはホッとした表情になり、元気を取り戻したかのようである。そして、お菓子を食べ終わると、てんでんに立ち上がり、「ありがとうございました」と言いながらロビーを出て行った。私たちはまだ話が終わらない。学生たちを見送るとコーヒーを飲みながら話し続けた。

「先日、家家楽《ジァジァロー》スーパーへ野菜を買いに行きました。ナス一つ、ピーマン三個、にんじん一本、ほうれん草少しなどと買っていると、売り場のおばさんに笑われてしまいましたよ。なにしろ私の隣では箱一杯に野菜を買い込んでいる男性がいたのです。料理人なのでしょうか、トマトは少し腐っているのも気にすることなく箱に詰めていました。全部纏めて炒めてしまえば、問題ないというのだろうかとふと思ったものです」

「鍋一つあれば、中国人はどこの国へ行っても料理人として生きていけます。その結果についての責任は持ちません。彼は料理人でしょう」

我孫子先生は、当然のことのように言いきった。

「ああ、何を食べさせられているか判らないなあ」

大学の近くの料理店を思いながら不安になった。

「学生たちは『止しなさい』といっても、串焼きを食べます。決まってお腹を壊し『先生トイレに行かせてください』といいます。授業中にトイレへ行く男子学生が多い理由です。先生のところにもそんな学生がいますでしょう」

「はい、います。だいたい決まった男子学生ですが」

「昨夜、私の部屋に来てくれた学生たちに、そのことを話してみました。すると、平然としてそれに付け加えて言われてしまいましたよ。『先生、学生はみんな串焼きが大好きなんです。でも三本までなら下痢はしません。それ以上は下痢をします。ですから私たちは三本以上は食べません』と」

「そうですか。私のクラスの何人かは決まって下痢をしているので、四本以上食べていることになりますね」

「そうです。四本以上食べています」

「中国人は食べたい物は何でも食べます。下痢をしたってかまわない。そういえば鳥インフルエンザの時、鶏が怖いと学生たちは言っていた。それでは近所の店先から鶏が消えたかと言えばそんなことはなかったです。私はレストランでチキンライスの文字を観て、訝しく思いながらも注文してみました。すると、店主がまことしやかに言ったのです。『鶏肉は危ないから止めたほうがいい。他のものにしなさい』って、私は言ってやりましたよ、『危ないなら作らない方がいいではないか』と。ところが店主はまじめな顔に戻って言葉を返してきました。『それでも食べたいと言う人のために、私は作るのだ』とね。」

「その話は本当なのですか」

私は驚いて訊き返した。我孫子先生はいつもの平然とした言葉で言った。

「それが中国人です。特色ある社会主義なのです」

そう言ってから笑っていた。
こんなところにも「民族の違い」が出てくるのであろうか。

朝から鳥のようにビニール袋が空に舞う

朝起きて窓の外を見ると、ビニール袋が自動車整備学校の庭を鳥のように飛び回っていた。その姿はまるで、大鷹か、鳶のようである。しかも色鮮やかで赤もあれば黒もあり、勿論白もある。それが渦を巻いては高く低く舞って、素早く飛び去って行く。その数の多さは、私がこれまで見かけた「鳥の数」である。姿形は大きくて、自由闊達である。「なんとまあ、酷いところか」と改めて思った。

ビニール袋がこの国に「入り込んだ」のはどれくらい前からなのだろう。経済の改革開放が叫ばれてから直ぐにとは思えない。いや、一九九五年に長春に来たときはこんな光景は見られなかった。とすればそれ以降と言うことになるが、もっと前からなのだろう。ビニール袋は確かに簡単に持ち運びができて、手軽である。それでどこへ行っても買ったものはビニール袋に入れて持たせてくれる。料理だって直に入れてしまうほどだ。それで持ち帰ったビニール袋はどうするかと言うと、生ゴミと一緒にゴミとして出されるのが殆んどである。しかし、ゴミとして出され、それが市当局によって集められているかと言うと、どうもそうではないようで、多くの住民は近くの空き地に「ポイ」と捨ててしまう。空き地のいたるところがゴミ捨て場になっている。それは長春駅に近い住居地でも同様である。

先日我孫子先生と行った古本市。「満洲」時代の官庁街の一角にある吉林省図書館、その裏手で行われていた。ところがその広場にはゴミの山が築かれて、生ゴミとビニール袋がむき出しになって異様な臭気を醸していた。出店する古本屋も買いに集まってくる市民も、そんなゴミの山には無頓着である。私たちだけが「臭い、臭い」と言いながら、掘り出し物を探して歩いていた。その帰り道、路地をタクシーで走らせると、住宅街のいたるところでビニール袋が遊んでいた。それは桂林路などの繁華街でもそうだし、一つ裏手に入るとその数は増していた。

「長春に来たころ、急に目の前が暗くなったので、何が起きたのかと上を見たら、大きな黒いビニールが飛んでいたので驚きました」

河本先生はそんな話をしていたことがある。そのころに比べてもビニール袋の飛ぶ数が多くなっているというのだ。今朝は、それに黄砂が空を薄く覆っていた。風の勢いは激しく、まともに目を開けていられなかった。口は当然だが、鼻から息を吸うことだって憚られる。それでも午後になると黄砂の方は収まったようだが、ビニール袋の飛ぶ姿だけは、変わらなかった。今にも地に落ちそうになりながら、巧みに体をひねっては空高く舞い上がっていく。午後の食事の帰り、我孫子先生や奥さんと、私は空に舞うビニール袋を見ながら歩いていた。私は突然異様な光景が目の前に浮んだ。それを思わず口に出して、我孫子先生に言った。「ゴミの分別回収とビニールなどの処分方法について早急に検討がされなかったら、かつて東京都に見られたカラスの大群のように、風が吹くたびにビニール袋の大群が襲ってくるようになるかも知れないですね」

「そうしたら、風の日は恐ろしくて、一歩も外へ出らなくなります」

我孫子先生は笑いながら即座に返してきた。

「相手は人の力でどうにでもなる代物なのです。先ずは利用方法と処分方法を環境面から徹底を図ってもらいたいものですね」

そう付け足しながら、やっぱり空を見上げてビニール袋を追っていた。

午後一時に、コンピューターを修理する担当職員が研究室に来てくれた。ついでにＵＳＢを見てもらった。しかし、ＵＳＢに問題があり、パソコンへの入力は無理のようだ。粗悪品を買わされたということだ。全てはもう一度最初から教案は作りをして、新しいＵＳＢに入力しなければならない。

後期中間テストと旅行計画

「二年生全体での共通テストを試みて欲しい」

共学部長の提案を受けて、二年生の先生方が集まり、『日本語から学ぶ』のテキストが終わり次第、統一的なテストをしましょう、と決めたのが二月の後半だった。それから二カ月、全クラスがテキストを終えたので、中間テストをすることになった。分担を決めてテスト作りをし、午後にはテストが開始された。それに先立って、私のクラスでは一時限目を復習の時間に当てて、幾つかの注意事項などを伝えて中間テストに臨んだ。中間テストは学期末の時と同じ方法である。一時限目の授業が終わると、当番の学生がテスト会場作りを始めた。普段の机の向きを変えて、テキストを机から取り出せないようにした。なんのことはない、机を後ろ前に向きを変えたのだ。だが、テストを始めてみると実際には大した役を果たさなかった。カンニングする学生は、「何としてもカンニング」の思いが強い。彼らは自分の尻の下にテキストを敷き、私が遠く離れると尻の下から持ち出して見ていた。補助の先生がいる時は何とか学生たちも我慢していた。私一人になると必死になって始まった。勿論それがよくないことは彼らも判っているのだろう。しかし、カンニングは勉強よりも得意としていた。だが、遠くから見ていると彼らの動作がよく判ってしまう幼稚さでもある。中国社会はゆっくりと動いていると言われる。彼らを見ていると「さもありなん」と思えてくる。様々な民族を抱えて中国はゆっくりと、正にそれゆえにしか歩めない速度でだ。だが、動いている以上、巨大な波でもある。

実際にはカンニングは学生の中の数人である。大多数は自分の能力を頼りにがんばっている。彼らは真面目で、時には「勉強のやり方が違うのでは」と思われる学生もいる。それでも自分のやり方を貫き、たとえば間違いについて指摘しても聞き入れない。で、そのままテストに入るので、当然成績は良くない。歩き始めたら方向が違っても歩き続け、そのうち目的地に辿り着くと考えているのだろうか。とても目的地には着きそうもないと思われても彼らは曲げない。今回のテストはそんな状況の中で行われた。

テストの開始後六〇分が経過した後、退室を自由にさせた。手持無沙汰で座り続けるのも気の毒だったからだ。ところが六〇分が経過してから一〇分後には半数の学生が教室を去っていった。更に五分後には全員が席を立ち、教室から去った。それは他のクラスも同様だった。私が教室を退席すると、他の先生方も教室を出られて研究室へと戻られた。学生たちにとっては、意外に易しいテストだったのかもしれない。

早速、部屋に戻るとすぐに採点が始まった。今日中に採点をし、クラスごとの順位を出して全クラスの順位を発表すると言うのだ。もっとも学生たちには公表しないということである。採点を始めていると程なくして、我孫子先生から電話が入った。五月一日からの旅行の件である。当初、西安《シーアン》旅行を計画していたが、旅費が高すぎるとのことで中止になっていた。今回は集安《ジーアン》へと旅行先が変ったという知らせであった。集安はかつて高句麗の地であった。そこを見学するという。

「四年生の学生が案内してくれます。集安は学生の故郷です。後ほど先生の部屋に計画書を見せに行きます」

我孫子先生はそう言って電話を終えた。

それからしばらくすると、再び電話がかかって来た。今度は「学生が部屋に来たので紹介しますから私の部屋に降りてきてください」とのことだった。私は採点を途中でやめて、我孫子先生の部屋を訪ねた。学生の名前は趙冶《ちょうや》さんである。彼女は東北師範大学院を目指しているとのことだった。集安は彼女の故郷であり、今回帰郷して案内をしてくれると言うのだ。計画が直ちに決まり、バスで当地へ行くことになった。明日の朝一番で彼女が切符を買いに行ってくれると言う。彼女の費用については我孫子先生と分担して支払うことも約した。現地のホテルについては、趙冶さんが父親へ電話を入れて確保すると話してくれた。

我孫子先生の部屋を辞して戻ると、再び採点に取り掛かった。一つ一つ間違いを見落とさないように採点してゆく。助詞の使い方を間違えた者、問題提出者の意向を受けた回答の仕方、などに注意しながら。やたらと時間だけが過ぎていった。答案用紙を見ている目が次第に痛くなった。体も重くなって肩がこりだしていた。採点は根気の要る仕事である。疲れがピークになってやっと終わったが、その間には様々なことが思い出された。私の学生に対する接し方の問題だ。学生に対してどこかに遠慮がある。それを突き詰めると中国という国に対する遠慮のようだ。日本の学生に対してだったらどうだろうか。

妻を迎えに長春国際空港へ

日曜日は二時限の振り替え授業があった。

明日からメーデーが始まり、しばらく休みが続くための振り替え授業である。教室へ行くと十数人の学生がすでに故郷へ帰っていた。残った学生たちも、心はここにあらずで旅行や帰郷に向かっていた。

「午後には故郷へ帰ります」

授業が始まると嬉しそうに楊斌《ようひん》君は早速話しかけてきた。彼は一人っ子で、両親が大好きである。毎日のように電話で連絡を取り合っていた。隣に座っている桂花《けいか》さんも同様で、「家が一番いいです」とにこにこしながら言う。あどけない少女の顔である。授業科目は「会話」であった。学生たちは私の手作りプリントを見ながら、二人一組の会話練習をした。相変わらずプリントの棒読みが多い。

二時限目は「聴解」の授業である。今度はCDカセットをもって教室へ戻っていった。今回はテキストの最後の一部なので、時間は一時間も要らなかった。テープを聴いてテキストに書き込むだけである。長文を三度ほど聴いた。その後で「設問に答えましょう」を行った。しかし、意外に設問は難しかったのか、一人ひとり書き取った文章を聞いてみたが出来が悪かった。「聴解」だけは未だ桂花さんの独壇場である。その彼女が間違えると、後は「推して知るべし」となってしまう。「聴解」の時間は他の時間とは比べものにならないくらい学生は真剣である。水を打ったような静けさの中で彼らはテープに聴き入っていた。

午後の食事は例によって、質問好きの楊柳さんと学生食堂へと出かけて行った。食堂へ行くと、桂花さんが先に来て居た。三人でテーブルについた。楊柳さんは寧波《ニンポー》市の出身である。寧波市は上海の南であり、もう暑さが襲ってきていると話す。桂花さんは撫順《フーシュン》市の出身で、母親が帰るのを楽しみに待っている。母親は中学校の教師で父親は韓国へ働きに行って、もう八年くらい会って居ないと話していた。

「先生、ずっと研究室で待っていましたよ」

食事が終わりかけたころ、我孫子先生夫婦が笑顔で近づいてきて言った。

「先生がＣＤカセットを持って研究室を出たので、必ず研究室へ戻ってくると思って待っていたのです」

「いや、学生に誘われて、ご一緒にどうぞ」

私は隣の空席を見て安孫子先生夫婦に勧めた。

我孫子先生夫婦は私たちの隣に座り、すぐに食事をとり始めた。トレイに食べ物を載せたまま、私を捜し歩いていたのだ。

「奥さんは何時ごろ空港に着きますか」

我孫子先生は食事を始めるとそう切り出した。私たちは明日から両夫婦で集安への旅をすることになっていた。

「今回は三時半頃と聞いています」

そう応えたが、前回は早く到着してあわてたことを思い出した。

「学校側が車と運転手を出してくれることになっています」

「私たちは買い物などに出かけますので、今夜はお会いできませんが、よろしく伝えてくださ い」

我孫子先生は穏やかな笑みをたたえながら返してきた。

私は食事が終わると、「お先に失礼します」と言って席を立った。桂花さんたちが出入り口付近で待っていたのだ。学生食堂を出ると、二人は「ここで失礼します」と言って、女子寮の方へと急いで帰っていった。

私はカバンとCDカセットを持って、部屋に戻っていった。校内では学生たちが食事を済ませて、校外へと帰郷の荷物を持って向かっていた。


「先生、車が来ました」

事務室の孫さんが部屋のドアを叩きながら声をかけてきた。時計を見ると約束の二時半であった。急いでロビーに下りていった。ロビーには我孫子先生が待っていた。

「先生、ご存知かと思いますが、運転手は曾さんです」

我孫子先生は運転手の曾さんを紹介した。曾さんは学院長付の運転手であった。

「曾です。よろしくお願いします」

片言の日本語で曾さんはそう言って、握手を求めた。

私の方もホッとして握手を交わした。先日、構内で会った時、それとなく軽く挨拶しておいた。全く知らない間柄ではなかった。

曾さんは私を車に乗せると、運転席に座り直ぐに車を走らせた。我孫子先生が「気をつけて行ってきて下さい。奥さんによろしく」と言って見送ってくれた。

大学を出ると車は一路長春国際空港へと向かって高速道路へと出た。初冬に妻が訪れたときは、空港へと向かう大地は黒々として、トウモロコシの枯れた茎なども散らばっていた。今は広大な大地にトウモロコシの種を植えるための準備を始めている。黒土に無数の筋が引かれていた。曾さんはほとんど話もせずに走り続けた。私もまた窓外を眺めていた。

公寓を出て四十分後に長春国際空港に到着した。到着便の予定時間を電子版で見ると、まだ到着には二十分もあった。到着した後の入国手続きや荷物の受け取りにも時間がかかる。そう思うと早くてもロビーに出てくるのは四時近くになると見込んだ。

「曾さん、コーヒーでも飲みに行きましょう」

曾さんをロビーの喫茶店へ誘った。

「ここは高いですから、いいですよ」

曾さんは日本語で遠慮して言った。

遠慮していた曾さんを促して、一緒に喫茶店に入っていった。私たちは向かい合って座り、ウエイトレスにコーヒーを注文した。メニューにはコーヒーは一杯二十元と書かれていた。ところが出されたコーヒーはインスタントコーヒーであった。最近、公寓の孫さんはロビーで喫茶店を開いていた。出してくれるのはインスタントコーヒーである。そのコーヒーと同じ味であった。空港使用料と思うしかないと諦めた。

コーヒーを飲みかけると、アナウンスが流れた。東京からの便が到着したという知らせだ。時刻は三時十四分である。前回妻が到着したのが三時八分であった。私が春節を終えて戻ってきたときは三時三十分だった。気流の流れの関係で予定時間が様々に変化している。成田国際空港では到着時間に合わせて、上空での待機時間もある。長春国際空港では到着便が少ないのでそんなこともなく自在だ。私たちはコーヒーを飲み終えると、出口ロビーへと迎えに行った。ほどなくすると妻はロビーに出てきた。思いのほかの軽装でザックを背負っているだけだ。今日は東京の気温が二十八度とか、それでは春先の服装で家を出る筈もなかった。私は迎えの人たちの前に出て、妻のザックを受け取り、迎えの人ごみを分けて外に出た。

「奥さん、お疲れ様です」

曾さんは日本語で挨拶すると、直ぐに私からザックを受け取り車まで運んでくれた。

帰りの大学までの時間も早かった。車の混雑もなく四十分ほどで到着してしまった。二度目の訪問なので、妻も気楽に車窓から外を眺めていた。

「前回とは全く違った風景ね」と言っただけである。

「お久しぶりです」

公寓に着くと事務所の孫さんが迎えてくれた。事務所の若い服務員が、曾さんから荷物を受け取ると部屋まで運んでくれた。妻が孫さんと挨拶している間に、曾さんは車を戻して帰って行った。私たちも部屋に戻った。

二人で部屋に入ると、一瞬で三ヵ月近い時間が何処かに飛んでいってしまった。部屋の中の雰囲気が一変したのだ。日本にいたときと少しも変わらないホッとした空気が流れている。

「飛行機に乗るまでは遠いと思っていたけど、到着してみるとほんとに近い所って感じがするわね。それにこの部屋も懐かしい」

妻は自分の家に帰ってきたような表情で言って、部屋の中を動き回っていた。改めてコーヒーを入れて、一息ついてから学生食堂へと出かけて行った。学生食堂では、食べられそうな物を選んで注文していた。豆腐と野菜とエビの入った壷のスープである。二種類注文しようとすると、「もう、材料がない」と料理人に言われてしまった。学生たちの多くが故郷へ帰っていったので、料理の食材も少なくしていたようだ。それでも一壷は大きかったので、量も多かった。二人で食べるには十分であった。妻は懐かしさも伴ってか「美味しい」と言って食べていた。

メーデーの日、集安へ向けて出発する

昨夜は久しぶりに妻と向かい合って、話をしているうちに寝る時間が遅くなってしまった。到着早々だが、今日から二泊三日で集安への旅を計画していた。我孫子先生夫婦と一緒の旅行である。集安は高句麗の都が有った所で、今はその姿を留める遺跡として広開土王（好大王）の石碑やその墓、そして王侯貴族たちの墳墓がある。古い建物の姿は殆んど留めることはないが、鴨緑江を挟んで北朝鮮との国境の町でもあった。

九時五十分、西校門の前から私たちはタクシーを拾って乗車した。今日はメーデーで、多くの市民や学生が旅行や帰郷をするという。帰省列車だけでなく、バスもまた大混雑が予想された。我孫子先生は集安へ行く方法として列車も考えたが、すでに切符は売り切れてしまったと言っていた。それで、特別快速バスで行くことにしたのだ。集安では、我孫子先生の受け持つクラスの趙冶さんが集安市内を案内してくれると言う。彼女も一緒に行く予定であったが、昨日、母方のお祖母さんが亡くなったとのことであった。彼女は一足先に家に帰って行った。

今日は私たちを集安の途中の通化《トンホア》市で待っていてくれるとのことだ。

通化市までは、特別快速バスで行くことになっていた。特別快速バスは長春駅広場に近いバス・ステーションから発車する。大学からの所要時間を三十分と見ていた。ところが、途中の混

雑でタクシーは身動きできないほどの渋滞にはまってしまった。道を変更して何とか駅まで走ったものの、予定外の五十分も時間がかかってしまった。少し余裕を持って出掛けていなければ、特別快速バスは発車していたかもしれない。

「今日はメーデーですから、仕方がないです」

我孫子先生は渋滞に対して私たちとは異なり、遅れることは気にしていないようだ。

バス・ステーションは地方へと移動する乗客たちの群れで、歩道まで溢れごった返していた。我孫子先生の姪御さんが送りに着ていた。姪御さんは私たちを見つけると、人ごみの中を掻き分けて構内を先に進み、特別快速バスに乗る場所まで案内してくれた。すでにこの混雑を心得ていたようで、発車十分前には私たちを乗せてくれた。

「本当に人が多い国だわね」

特別快速バスに乗ると、妻は車窓から人混みを眺めて言った。見渡す限りあふれ出てくる人の多さに驚き、中国を実感していた。日本も人の多い国である。しかし、中国の都市で見る人の多さは比較にならない。杖をつきながら歩く妻にとっては、人ごみを掻き分けるのは大変なことだった。

特別快速バスは予定の時刻に通化市へ向けて発車した。ところが、人の壁を抜けて走り始めた特別快速バスはたちまち車の大混雑につかまってしまった。それに急拠始まったと思われる道路工事によって行く手を遮られた。身動きの出来ない状態に、最初から陥ったのだ。特別快速バスは周りを歩いている人の速さに追いつかない始末である。

「何も今日になって道路工事をしなくてもよさそうなものです。思い立ったらすぐに始めるのも中国的ですが」

そう切り出しながら我孫子先生は続けた。

「昨夜、この道を通った時、工事をしていなかった。わざわざ混雑がわかっている日に工事を始めるなんて、日本では考えられないですね」

今度は怒った口調になって話した。

聞いていた私たちは、確かにおかしな国だと納得する。

車の混雑はやむを得ないとしても、道路工事中の看板はどこにも出ていない。迂回路の看板もなかった。周りの車は工事中の中を行けるところまで流れていった。そして行き止まるとUターンしてくるという珍現象である。それでも当たり前のように車は動いていた。

利用者たちは誰もそれを不思議だとは思わないのだろうか。私たちはいぶかしく思いながらも特別快速バスの座席に座って揺られていた。

長春市内を出るまで一時間近くかかった。やがて高速道路に入り、通化市へと向かった。途中の風景は高原の中を走るように、ゆったりとうねる大地に、耕作の風景がいたるところで見られた。トウモロコシがまかれているのだ。ただ人々の姿は少ない。むしろ牛の働く姿が多く見られた。耕運機による作業の姿も見られたが、大方は耕作が終わっているようである。昨日観た大地に綺麗な黒い筋が無数に引かれていた。

私の隣に座っている妻は深い眠りに落ちていた。昨日の疲れだろう。私も眠くなってきていた。ふと気づくと一時間ほど眠ってしまった。窓の外を眺めると柳河という町を走っていた。高速道路は終わったのだろうか、しばらくすると乗客を一人下ろしていた。停留所らしきものは見当たらない。黒土の広がる高原の姿が消え始めた。すると遠くに見えていた山がだいぶ近づいてきた。特別快速バスは山間部の道を走ることになった。

「通化市は山と川があるだけで、他には何もありません」

私のクラスの通化市に実家のある朱廸《しゅてき》さんは、そう言って通化市を説明した。彼女は既に通化市の実家に帰っていた。山間は時折、民家の姿を見せた。通化市に近づく頃には耕作面積は狭くなり、山の木が切られて道に転がり始めた。僅かばかりの耕地が点在していた。

「やっぱり出稼ぎに行くんでしょうね」

山間の民家の少なさを気にかけて我孫子先生に訊ねた。

「農家の仕事は期間が決まっているので、当然出稼ぎに行きますよ」

中国では、地方の人が都市に出稼ぎに行くのは、当たり前だと言う言葉で返ってきた。

かつての日本の農家の姿に似ていると思った。中国でもＮＨＫの朝のテレビ番組「おしん」がとても人気があったと言われている。日本の若者はもう「おしん」なんて誰も知らない。遠い昔のことである。しかし、アジアでは誰でもが一度は観たことのあるテレビドラマである。

農家のレンガ造りの家が小さくなり、部落の軒数も少なくなった。

通化市には長春を出発して五時間近く掛かって到着した。通化市は人口六十万人という。人口的にはかなり大きな街である。製薬企業が盛んであり、葡萄酒作りも有名である。ただし、通化市のぶどう酒作りは戦前の日本企業の残した工場をそのまま接収した。街中には大きな河が流れていた。見た目には綺麗な街である。しかし、通化市は「満州国」皇帝、溥儀（ラストエンペラー）が一九四五年八月九日のソ連軍侵攻により、新京（現長春市）から日本へ脱出のために到着したところであった。到着したものの通化からは日本へ飛ぶ飛行機はなく瀋陽へと更に逃げる。だが、瀋陽に到着するとほどなくしてソ連軍機が飛行場に現れた。溥儀は逮捕され、ソ連機でザバイカルのチタに送られた。そこで五年間に及ぶ「拘留生活」をすることになった。瀋陽では大型機に乗る予定だったとのことである。

趙冶さんとお父さんの迎えを受ける

通化市で特別快速バスを降りると、そこで迎えてくれたのは趙冶さんと彼女のお父さんであった。私たちは挨拶もソコソコに今度は、お父さんの運転する小型のボックスカーに乗った。ボックスカーは足元が高いので妻ばかりでなく、我孫子先生も少し乗りづらそうであった。それにしても趙冶さんたちは今朝、葬儀を始めたばかりである。本来ならまだ葬儀の会場に残っていなければならないはずだった。それなのに娘の先生たちが来るというので、こちらを優先してくれたようだ。私たちは申し訳ない気持ちと、ありがたい気持ちが交錯して揺れる車に乗っていた。

趙冶さんのお父さんの車はたちまち通化市を過ぎ、暮れがかった山間部に入っていった。見慣れたと思っていた山間の風景は、突如山肌をむき出しにして身近に迫り、それほど高くはない裸の山の急峻な険しさまでが迫ってきた。車はひたすら山道を走り続けた。やがて山道を下り続け、走り終わると集落がポツリポツリと始まった。それは集安市の郊外であった。集安市には二時間ほどかかって辿り着いた。

車はどことなく殺風景な街の中を走り、集安市のホテルに到着した。ホテルの前では趙冶さんのお祖父さんが一人で待っていた。お祖父さんと言っても私より八歳年上の元気な人である。それに何と言っても孫娘を見る目は優しく、いかにも可愛くてたまらないといった感じの笑顔で迎えていた。お父さんは無口な方だが、お祖父さんは知識も豊富で話好きとのことである。当ホテルはお祖父さんの指定したホテルであった。私たちはすぐに部屋に案内されて荷物などを置いた。荷物を置くと、埃に塗れた顔などを洗った。妻は髪の毛などを整えていたが、それが終わると私たちはホテルのレストランへと食事に向かった。当初は我孫子先生と私で、「今夜は趙冶さん家族を招待する」と申し合わせていた。ところがレストランに行くと、現実は趙冶さんの家族の招待となってしまった。

「今夜は、遠路はるばる起こし下さった先生方ご夫婦のために、わたし達は宴をはらせて頂きます」

最初の挨拶に立ったお祖父さんがそう切り出したのだ。テーブルには集安市の料理が次々と出されていった。それは山菜であり、鹿や牛、豚、などの肉料理であり鴨緑江の魚料理であった。初めて食するものばかりだが、意外に味がよくとても美味しかった。魚料理が出たので妻にとってはありがたかった。

「先生方がご夫婦でこちらまで来てくれたことに感謝します」

宴が始まると、乾杯の挨拶でもそう言われた。感謝の理由として一つに集安市は世界遺産となったが、観光に来るのは韓国人ばかりで、長春市辺りから観光に来る人達は少ないと話した。しかも日本人となると、なお更のようで珍しいとも言っていた。

お酒も入り、料理でお腹が一杯になったころ、当然のように高句麗の話に弾んだ。私も幾つか質問して訊いてみた。それは高句麗の歴史であり、韓国人の訪問などについてだった。お祖父さんの話は面白い。常に「私の考えですが」と前置きしながら話した。

「私の考えですが、私たち漢人が思う高句麗と朝鮮民族が思う高句麗とは別のことです。私たち漢人にとって、高句麗は元来中国の少数民族の国家です。そして古い時代から朝貢国として存在しました。しかし、朝鮮族にとっては、高句麗は先祖の国の一つです。歴史的にも韓国人は新羅の民ではないだろうかとふと思います。それでもなぜか高句麗も彼らの祖先に入るのでしょう。それで集安市への観光に来るようです。もっとも鴨緑江の対岸の北朝鮮の人々は、まだ貧しく観光に来るほどの環境にはないですが、彼らこそ高麗人ではないでしょうか」

私もなるほどと思いながら聞いていた。しかし、この旅が終わって改めて調べてみると、韓国人が大勢広開土王碑を観に集安に押し寄せる意味も分かった。朝鮮半島の記録では高句麗の始祖、朱蒙《しゅもう》が高句麗・百済の共通の始祖となっていることである。集安を訪れるのは百済系の韓国人なのだろうと思われた。もっとも広開土王碑の碑文には新羅もまた「臣民」になったとの記録もあるので、百済系だけでなく、新羅系の韓国人も訪れるのかもしれない。

いずれにしてもお祖父さんは一生懸命で、身振り手振りを交えて熱弁で話してくれた。黒髪の豊かな、目に輝きのある知的なお祖父さんである。通化市から来る途中で、趙冶さんに集安市の事を訊ねたら「お祖父さんに聞いたらよく分かる」と言っていた。集安市の生き字引のような人だと言っていたが、それは本当のようだった。食事は二時間も続いた。「明日の朝、お父さんがまた迎えに来て、町を案内します」

宴会が終わると趙冶さんは私たちにそう説明した。私たちは全員で写真を撮ったりしてから、趙冶さんの家族を玄関先まで送っていった。

私たちは旅の疲れと、度数の高い白酒で酔ってしまった。それぞれ部屋に戻っていった。部屋に戻って腕時計を見ると一〇時を回っていた。汗を洗い落とすために風呂に入った。お風呂から上がると、昨日、長春に到着した妻は、今日の長旅で相当疲れていたが、そんなそぶりも見せずに私の留守の間に過ごした時間について話した。

高句麗広開土王の石碑や陵を見る

「先生、起きましたか」

朝八時丁度に、我孫子先生が私たちの部屋のドアをノックした。

すでに出かけられる準備を終わっていたので、妻を促してドアの外に出ていった。ドアの外には、我孫子先生の奥さんも一緒だった。朝の挨拶を交わすと、一階の食堂へと階段を下りていった。朝食は七時から始まっていた。わたし達は疲れていたので少し遅く取るように話し合っていた。


食堂へ行くと、朝食はバイキング形式であった。高級ホテルのような豪華さはないが、昨夜の満腹感がまだ残っていたので、軽めに取るには十分だった。ホテルの宿泊客は多いようで、どのテーブルも泊まり客で一杯である。私たちは奥から二番目のテーブルを確保した。目印にと僅かばかり荷物を載せると、料理を取りに行った。ところが、皿に料理を盛って戻ってくると、先客が二人ばかり確保したテーブルで食事を始めていた。

「目印に荷物を置いたけど、中国では何の役にも立たない」

我孫子先生は、私たちのことなど気にする風でもない中国人の態度を嘆いた。テーブルはどこも同じような状態のようだ。私たちは、彼らの脇に躊躇しながら座り始めた。やがて隣のテーブルが空いた。すると、思いがけなくも彼らは移って行った。今朝はお粥が美味しかった。幾つかの料理も皿に載せたが、その殆んど塩辛く、「卵だけが辛くない」と妻が言うほど辛い物ばかりであった。口直しにとコーヒーを飲んでみたが、コーヒーの香りも乏しく、インスタントのような味だった。

二度目のコーヒーを取りに行ったときだった。私の後ろから日本語が聞こえてきた。振り返ると七十歳ほどの婦人が一人、目玉焼きを注文していた。私は驚いて訊ねた。

「どちらから来ましたか」

婦人も驚いたようで「日本の方ですか」と聞き返した。

「そうです」

そう答えて、私は身分を名乗ると、安心したように表情を和らげて言った。

「大阪からツアーを作ってきました」

「これからどこへ行きますか」

「もう、集安での見学が終わり、ピョンヤンへ行きます」

ピョンヤンと言われたので訝しく思っていると、

「私たちは大阪から瀋陽に入り、集安、ピョンヤンと巡るツアーを自分たちで計画しました。それを国際交流関係の旅行会社に頼んで、この旅行に来たのです」

妻も興味があったのか傍によってきて、その婦人と話し始めた。ところが、彼女の仲間たちの

高句麗諸王の古墳

姿を確認することはなかった。

朝食が終わると、九時には趙冶さんのお父さんが迎えに来た。私たちは来たとき同様にお父さんの車に乗った。最初に案内されたのは広開土王碑（好太王碑）と太王陵であった。

広開土王碑は私たちが確か中学校の歴史教科書で、高句麗の建国の歴史を刻んだ碑として学んできた。しかも当時では数少ない写真まで載せられていた。そんな記憶が五〇年前のこととして一気に蘇ってきた。その碑文は高句麗の建国と、その後の倭（日本）との会戦の記録もあり、石碑の写真が人里から遠く離れた原っぱのようなところに忽然と現れたかのように建っていた。実際は集安市の郊外で、なだらかな斜面に建てられていて、今は東屋のような形をした赤瓦屋根にガラス張りの建屋の中に保存されていた。高句麗一九代広開土王の息子長寿王が、父を称えて建立した碑であると観光客に説明していた。

広開土王碑の保存用建屋の入り口から眺めると、直ぐ右手後方に小山のような石積みの太王陵が見える。その背後に集安市のマンション群が林立し、更に後ろには北朝鮮の山稜が黄土色に染めながら南へと延びていた。私たちは三十元の入場料を払って、広開土王碑を見学した。広開土王碑は四一四年に碑文が刻まれ、高句麗建設の神話や広開土王の功績をたたえている。漢文で書かれているが、多くは文字も薄れがちである。ガイドが居て観光客に説明しているが、建屋内に入れる人数も限られ、私たちはしばらく待って見学者が少なくなったところで建屋内に入った。周囲は巨大なガラスで覆われていた。ここ数年の間に作られたようだが、火山岩で作られた碑石が長いことと風雪に耐えたことを考えると、現在の保存状況で良いのだろうかと思わせた。なにしろガラス窓に当たる日光の強さが、火山岩にどのように作用し影響するのか、上部に空気口のような飾り柵が作られていたが心配を抱かせた。

なお、倭（日本）に関しては、広開土王碑には、三九一年に倭が海を渡ってきて、百済や加羅・新羅を臣民とした。その結果、秋には広開土王好太王が四万の兵で百済を攻めたとある。高句麗と百済・新羅の関係は隷属的な存在であり、闘いが続いたりしていた。特に、三九六年には百済が大敗を喫したとのこと。その一方で倭も百済や新羅に対して、朝貢などを求めていたようだ。三九九年には百済と倭が和睦した。しかし、新羅は倭に侵略され臣下となった。すると、新羅は高句麗に支援を求めた。四〇〇年には五万の軍隊で広開土王は新羅を救済したとのことである。ところが、安羅軍が新羅の都を戦いの隙間をぬって占領したとのこと。この時代の倭と南朝鮮半島の関係が、見て取れる記録である。

ちなみに、広開土王碑の拓本を最初に日本に持ち帰ったのは陸軍砲兵大尉酒匂《さこう》影信《かげあき》であった。彼は情報将校として一八八三年、実地調査として情報の一つとして持ち帰った。この時代、ロシアの南下政策の脅威に心を砕いていた明治政府、その諜報活動は中国東北部一帯で大勢の諜報員を送っていたのが分かる。しかし、古代において倭が、高句麗と闘う理由について考えて見ると、百済や新羅への影響力だけではない、更に古くからの繋がりがあると古代史は教えてくれる。もちろん、研究者の発掘と想像力を駆使したそれぞれの説も存在するが。いずれにしても、広開土王碑は東アジアの歴史において第一級の遺跡である。

太王陵は小山の形をしているがすでにかなり荒廃していて、石積みも崩れている。石棺がその頂上にあるのでそこまで階段が取り付けられていた。階段を登って見た石棺は二棺である。ただ、そこに置かれているだけの物であり、周囲の石組みの一部も補修されているような感じを受けた。周囲に壁画があるのではと勝手な期待を抱いて行ったが、それは全く見られず、勝手とはいえ幾分期待を裏切られてしまった。その為だけでもないが太王陵としての威力はあまり感じられなかった。

「集安にある高句麗の遺跡は、中国の歴史の中でもごく小さい物で価値としてはそれほどでもありません」

私たちが太王陵を観終わって戻ると、趙冶さんのお祖父さんはそう語っていた。中国の歴史の全体像からすると当然そうなるのだろうかと思えたが、やはり当時の朝鮮の歴史、文化、そして日本との関係として捉えるところに、私たちの興味も喚起される。

次に向かったのは将軍塚である。将軍とは誰のことか私たちには分からなかった。ここはピラミッド状の陵で、エジプトのピラミッド同様に長方形の石が組み合わされ積み上げられていた。一辺が三一.五八メートルで、高さは一三.一メートル、石壇は七層になっていて、石段層は二十二層である。ここはやはり木の階段を上って石棺のある地点まで行くが、階段は見栄えの関係で墓陵の後ろ側に取り付けられていた。正面の石棺入り口までは狭い石積みの上を注意して歩かなければならない。足の悪い妻にとっては危険な道だ。彼女は杖をつきながら「大丈夫」といって歩いていった。石棺はやはり二棺で、太王陵と同じであったが石室内は広く暗い。明かりは入り口付近で閉ざされていた。ガイドが説明しているが石棺だけで後は何もなく、天井の石積みの大きさだけが特徴のようであった。その他は何もここには残っていない。私たちはガイドの説明を聞くまでもなく、先に進んで階段を降りていった。どんな将軍たちの塚なのだろうかと思ったが、知ることもなく…。

将軍塚の前で、趙冶さん親子が私たちを待っていてくれた。時間的にも昼近くになったので食事に出かけることにした。趙冶さんのお父さんは私たちを車に乗せると、市内の繁華街にあるレストランへと運んでくれた。一緒に食事を取ろうと思っていたら、私たちを車から下ろすと、「仕事がありますので」と言って、帰って行ってしまった。

食後は店の前からタクシーバイクに乗り、集安市博物館へ出かけて行った。この博物館は最近出来たようできれいな建物ではあったが、展示館内は狭く、質量ともに少ない感じがした。展示物は入れ替えるとのことだが、もう少し建物が大きくても良いような感じがした。市財政の範囲内での建設なのであろう。ここは私たちの宿泊している集安市賓館と一〇〇メートル程しか離れていない。展示物が少なかったので直ぐに見終わってしまった。歴史的には、高句麗の遺跡以外には残されていないのかもしれなかった。

鴨緑江を挟んで北朝鮮の生活を垣間見る

四時に趙冶さんたちに迎えに来てもらう。今夜は私たちが趙冶さんの家族を招待する予定だ。しかし、どこで食事をして良いのかも分からないので、お父さんやお祖父さんに案内してもらうことになった。その前に「時間があるので鴨緑江へ案内します」とお祖父さんが言う。我孫子先生は北朝鮮側が見られると大喜びである。早速、お父さんの運転する車に乗って移動する。市内を離れ、鴨緑江の川岸へと向かった。するとお祖父さんが「集安について説明します」といい始めて、朝鮮戦争の話を始めた。最初は趙冶さんが何とか通訳をしようとしていたが、歴史に詳しくないようで「先生、助けてください」と我孫子先生に救いを求めた。お祖父さんは孫娘の通訳に手心を加えて話していたようで、我孫子先生に代わると自分の思いを十分に伝えたいとばかりに話し始めた。それは集安側から見た朝鮮戦争である。

「国民党との間で台湾問題を抱えた毛沢東は、金日成の朝鮮南下戦争に反対し、『あくまでも戦争をするならソ連と相談しなさい』といって一旦は金日成の申し出を拒否しました。金日成はそれでも戦争をしたいのでスターリンに相談に行ったら、スターリンは賛成してくれました。気をよくした金日成は一気に釜山まで、軍を進めて南朝鮮を攻めて行ったのです。それまで傍観していたアメリカは、朝鮮半島の分割目標が一方的に崩されたことに怒って、仁川から上陸して金日成の軍隊を包囲したのです」

お祖父さんはこうして当時の歴史の概観を語ってから、更に続けた。

「アメリカは中国の義勇軍が北朝鮮の軍服を着ていたために見破ることができなかった。その義勇軍は集安から出撃して行ったので、もしそれが分かっていたら、集安はひとたまりもなく廃墟と化しただろう。その証拠にアメリカの空軍機は中国とのトラブルを避けるために中国側には侵入せず、鴨緑江を遡って北朝鮮を攻めていました。あの鉄橋の下を潜り抜けて、アメリカの爆撃機は北上したのです。当時、中国にはレーダーによる観測なんて無かったのですが、あると思ったのでしょうね」

集安から北朝鮮へと入る鉄橋を指しての説明である。説明は事細かで、歴史を直接見てきた人の言葉であった。

「北朝鮮側を見るにはとても良いところがあります」

お祖父さんは私たちにそう告げると鴨緑江の川岸に向かって自動車を走らせた。やがて対岸にそれほど高くはないが、急峻にそそり立つ峰を背後にした街がみえた。すると川岸近くに車を止めた。

集安市も山に囲まれた街ではある。しかし、背後の山は比較的なだらかで、北朝鮮の山々とは趣が違っていた。街の背後の山の姿だけでも、人々の生活や国の現状の違いを見せ付けるかのような地形である。北朝鮮はその地形を開拓したかのように、狭い裾野に向かって、傾斜した場所に民家や四、五階立ての建物が、疎らに密集していた。街は日に照らされて静かで、一見して穏やかな風景である。

「双眼鏡で見ますか」

趙冶さんは双眼鏡を取り出して私たちに進めた。彼女はそのために双眼鏡を用意したようだ。私たちが双眼鏡を受け取り、対岸を見ようとするとお父さんが突然私たちに注意した。

「あまり大っぴらに長い時間見ていると、狙撃されるかもしれないので注意してください。何しろ何をするか分かりませんので」

私たちは車から降りると、お父さんの注意を守って、恐る恐る対岸に標準をあわせ双眼鏡で眺めはじめた。川一つしか離れていない対岸は、肉眼でも川岸にいる人の動きや土手の上を行く自

集安市の鴨緑江で見えた北朝鮮の施設

転車の行き来はよく分かる。対岸には浅瀬がある。そこに三台のトラックと数十人の人々がいた。彼らが何をしているのか肉眼では分からない。双眼鏡で見ると川砂をトラックに入れているようだ。だが、ほとんどの人たちは浅瀬に座り込んだまま動く気配がない。そんな時、私たちの居る背後の店から中年の女性が現われた。彼女は私たちの近くに来ると話しかけた。

「こっちのほうがよく見えるよ。一台二元だよ」

私たちのいる川岸に軍隊用と思われる望遠鏡が、等間隔で三台設置されていた。その望遠鏡を指差して言っている。どうやら望遠鏡で北朝鮮を見させる商売をしているようだ。

「そんな商売をして、心配ないのだろうか」

私の危惧を我孫子先生に伝えた。すると、

そのままおばさんに先生は問い合わせた。

「私は毎日、望遠鏡で見ているよ。何の心配もない」

おばさんは笑いながら言い、毎朝、見ているという北朝鮮の実情を話し始めた。我孫子先生はそれを即座に通訳して、私たちに伝えた。

「浅瀬で働いているあの人たちは、トラックに川砂を積み込み始めてもう一時間も作業しているが、一向に終わらない。いつ終わるかも分からないよ」

その理由については趙冶さんのお祖父さんが説明してくれた。

「食べる物がないから体が動かないのだ。疲れるから働かない」

お祖父さんは何度も仕事の関係で対岸へ行っていた。（お祖父さんは集安市の林業局の責任者の一人）即座にその時の話が語られた。それは延吉から来ている学生にも聞いたことのある、人の肉を食べる話であった。そして更に言った。

「貧困状態がいかに蔓延しているか。向こうへ仕事で渡って、歓迎会が行われた。その歓迎会に呼び出された踊り子たちは裸足で踊ってくれた。実は履く靴さえなかったので、裸足で踊っただけだった。街の幹部たちはいつも何かを貰うことばかり考えている。それが分かるので、行く時は一五キログラムほどの食量を持っていってあげる。それはとても感謝された。なにしろ果物や菓子類は全く無い。泊まったホテルに売店は有るが売るものが無い。県知事が宴を張ってくれたが酒も無い。で、いつも酒はこちらから持って行ったのです。鶏肉をご馳走するからと言われて、出された鶏はひよこだった。そんな状態だから今も向こう岸へ行く時は必ず弁当を持っていく。それは相手の分までです。何しろビニール袋まで食べてしまうくらいですから」

そんな話を聞きながら、胸の痛む思いで対岸の様子を眺めた。

我孫子先生はいつの間にか望遠鏡で対岸を眺めはじめた。女性にお金を払ったのだ。

「どうぞ、先生も見てください」

他の望遠鏡を私にも見るように勧めてくれた。皆が三台の望遠鏡を順に見始めた。女性はお金を貰って気を好くしたのか、対岸の建物を指差しながら客となった私たちに教えてくれる。

「左手の建物は政治犯や、不法出国者を入れる牢獄です。そこの内部は殆んど水牢なんです」

指した建物は川岸の直ぐ先にある、切妻屋根の細長い二階建ての建物である。それは二棟で、いずれも附近の四、五階立ての建物と異なり、狭く細長い窓が取り付けられていた。白い塀も土手に居る人より高く、土手に掛かった橋から、周囲は掘りで囲まれているのが分かる。二階建ての棟の前にも一棟、平屋の細長い建物があった。建物は塀の前の柳の木の緑によって半分ほど隠れていた。店のおばさんは、牢獄から離れた右手になだらかな丘の上に立つ五、六階建ての建物を指して「千里馬ホテル」だといった。

「私は泊まったことがある。売店に売るものがないホテルだ」

趙治さんのお祖父さんは仕事の関係で泊まったことのあるとのことだった。

更に右手の高台に二階建ての細長い建物があった。

「あれは中学校です」

そして千里馬ホテルと中学校のちょうど中間くらいの位置で、土手に沿って一棟だけ二階建ての白い建物がぽつんと立っている。

「国境警察署の派出所です」

そこまで説明しておばさんは通訳する我孫子先生に何やら語りかけていた。我孫子先生は彼女との話が終わると私たちに伝えた。

「ほら、派出所の土手下にところどころ小さな穴が空いているでしょう。あそこに二四時間体制で、こちらに銃を向けた兵士が隠れている監視壕です。この川は、今はどちらの国の人も自由に使うことができますが、北朝鮮の人たちがこちら側の岸辺までは来ることは許されますが、この土手を上がることは許されません。もし上がったら、あの監視壕から銃が火を噴きます。必ず撃たれて死んでしまいますと言っています」

「どれどれ、どこですか」

私たちは監視壕といわれた穴を探した。確かに小さく黒い点のような物が土手下に見える。周囲はコンクリートで固めているようだ。中学校の更に右手奥に込み入った街が見えた。金日成の肖像画を掲げた「満補駅」という。その駅の屋上には大砲と機関銃が中国側に向けられているとのことだが、望遠鏡では見えない。お祖父さんは列車で行ったからいつもよく見ていたのであろう。ここから見えるのは金日成の肖像画だけであった。

「満補駅」は中国から鴨緑江を渡って北朝鮮の最初の駅である。工場の煙突が見えたが煙は出ていなかった。

「あれはゴム工場だが、ゴムの材料がなくて仕事にならないのだ」

お祖父さんが説明した。おばさんの説明が終わったようで、またお祖父さんの説明が始まったのだ。

「一般の家を訪問した時があったが、家の中には何もなかった。で、ピーナッツをあげたらとても喜んでいた。中国人は北朝鮮の飢餓状態や国民に対する残酷な行為をとても気の毒に思っている。しかし、その反面恨みもあります。何故かと言いますと、渡航してくる朝鮮人は貧しいです。それでついつい真実を話します。ところが彼らは決まって金正日を褒め称えます。それでいつも喧嘩になるのです。ですから、彼らには何も言いません」

「私個人的意見ですが」と前置きしてお祖父さんは続けた。

「これから、北朝鮮の難民は増えるでしょう。国境の町は大変になりますよ。こちらは『見て見ない振りをする』相手は『見たら大変な問題となる』全て、市民の視線を逸らすためです」

それからまた北朝鮮へ行った時の話をした。

「木材を運ぶ時、向こうで泊まる時がある。そんなときはいつも相手に奢ってやる。その時、携帯電話を持っていったら、『それはなんだ』と聞かれた。『携帯電話といい、世界のどこでも電話ができる』といったら、『それを持てるのはアメリカの援助があるからだろう』と言っていた。

トラックを運んだ時、荷台に何も載せないで行ったら、荷台を見て『何もない』と怒り出してしまった。中国社会は腐敗していると言われるが、向こう側はもっと腐敗している。特に国境の監視人たちは特別だ」

お祖父さんの話は終わらない。私たちに何かを伝えたいと思っているようだ。

「高校を卒業すると、特に問題なければ徴兵に出る。現在の軍隊は一一一万人である。全人口は二三〇〇万人ほどである。どんなに貧しくとも、少しでも金将軍様にと上役を通して物を献上する。その上役は更に上役へと市民の送り物を纏めて渡す。そうしているうちに贈り物はどこかへ消えていく。それでも市民は金将軍様へと贈り物を続けているのだ。ほらあそこに船が行きますね。漁民を装って見張っているのです」

そんな話を聞いていると、いつの間にか一組の若いカップルが土手の上に坐っていた。店のおばさんが我孫子先生にいった。

「ほら、キスをしているから良く見なさい」

真新しい自転車に乗ってやってきたカップルのようだ。土手の上を時折、自転車が通る。その自転車は日本の自転車のように、足元が湾曲した骨組みになっている。おばさんは尚も続ける。

「夏になると男女が裸で泳いでいる。水着などは着ていない。それでも以前より好くなって、土手の上で話が決まると、下に降りてきてしたい放題のことをしている。昼間は自由なのだ」

先生に引率された子供たちが対岸に現れた。すると再びおばさんは語り始めた。

「愛国労働です。先生に引率されて川の砂を探しにやってくるのです。運ぶのは頭の上に洗面器を載せて運びます。毎日では有りません」

私たちは子供たちの動きを見ていた。子供同士でふざけてあっている様子もなく、やがて砂を入れた洗面器を頭の上に載せた子供から、一人ひとり小学校の方へと消えて行った。相変わらずトラックは動く気配も見せない。

「まだ三、四時間はかかるよ」

おばさんはそういいながら店の中に消えて行った。私たちは彼女の後を追って店の中に入っていった。彼女が売っているアイスキャンディを買うためである。アイスキャンディを食べながらも、まだかなり長い時間対岸を私たちは見ていた。

「鉄橋を見に行きましょう」

お祖父さんに促されて、私たちは車に乗った。北朝鮮との国境に掛かる鉄橋を見るために。できるだけ近くで鉄橋を見せてくれようとして、趙治さんのお父さんは岸辺の道を進んだ。しかし、道幅は狭くUターンが出来そうにもない。「鉄橋は見るだけ」といって適当なところで止まってもらった。車から降りて、少し暗くなりかけた鉄橋を土手の近くから見た。鉄橋の上を人が渡っているのが見えた。

「列車が通らない時に人が通るのです」

趙治さんのお父さんが言った。どちらの国の人間なのか分からない。多分中国人だろう。北朝鮮人であったら脱北者に見られてしまう。

「この鉄橋を渡って金正日はお召し列車に乗って中国へ来たのです」

今度は我孫子先生がいう。鴨緑江に掛かる鉄橋はここから南と北にもある。その鉄道は日本の殖民地となった朝鮮半島と「満州国」を繋いだ侵略のシンボルでも有った。今は中国と朝鮮を結ぶ数少ない交通路である。夕闇が少しずつ迫ってきた。鉄橋をバックにして写真を撮ると私たちは岸辺の道を戻った。

「山城下貴族墓地を見ましょう」

相変わらず元気なお祖父さんはみんなを促すように言った。

その前に今夜の食事をする場所を探すことにした。街に戻って幾つかの店に寄った。妻は肉類が食べられないので、お祖父さんたちが配慮して中々決まらないようである。やっと一軒の店に予約を入れて「山城下貴族墓地」へと急いだ。ここは集安市街の裏手にあり、前後を山に囲まれ、近くには川が流れていた。墓地の形は正方形で積み石のピラミッド型、一辺二〇数メートルが大きい方で、積み石のないところもあった。一瞥して見終わってしまうほどである。高句麗の歴史が良く分からない私たちにとって、「山城下貴族墓地」は宝の眠る場所なのかもしれない。見学する時間もなく、車を戻して街へと戻っていった。お祖父さんは助手席から後ろを振り返って私たちに言った。

「集安の遺跡は世界遺産となっていますが、私に言わせれば、見るべきものはありません。秦の始皇帝やその他の王族遺跡からしてみればとても小さいです。それでもわざわざ先生方がお越しくださって感謝します。いろいろな国から来た人たちを随分案内しましたが、こんなに自由に物が言えたのは初めてです」

その声はとても嬉しそうだった。私たちも感謝の礼を伝えた。

趙冶さんの家族に見送られ集安を発つ

朝、八時に四人揃って一階の食堂へ向かった。私たちが遅かったわけでもないが、ホテルの客が大分少なくなっていた。昨日、賑やかに行われた結婚式の会場は、正面に飾られていた赤い結婚式の提灯飾りも、名前のところが取り替えられていた。

「今日も結婚式が行われるのだ」

目敏く見つけた我孫子先生は赤地に金文字の飾りを見て言った。金文字は最初に二人の名前を記し、後に「恭賀慶典」と大書されていた。同じような飾りはホテルの入り口にもあった。ここは赤い風船で、空気を入れた門構えのように大きな物だった。頭上には「喜」という文字がこれまた赤い風船で二つ飾られ、その下の梁の部分に「恭賀　崔峰《さいほう》先生・焉麗華《えんれいか》小姐　慶典」とやはり金文字で書かれていた。私たちの食事が終わるころ、他の泊り客の姿はもうなかった。服務員の若い女性たちが忙しそうに結婚式の準備に入っていた。各テーブルに赤いテーブルクロスを敷き、皿やコップなども人数分ずつセットしていた。コップの中には赤いナプキンが縁起のよい形に折られて、次々と差し込まれていく。そんな彼女たちに結局は追いだされるようにして食堂を後にした。チェックアウトは一二時でよいというので、部屋の中に荷物を置いて九時に外に出ることにした。

私たちの帰りの交通手段は「集安―長春」で、すでに特快バスの乗車券を購入していた。発車時間は二時一二分である。一二分とは半端な時間であるが、その意味は分からない。玄関先に出ると迫撃砲が砲口を北に向け、斜め四五度の角度で六台並んでいた。銃口の筒の周りには祝福の赤い布が巻かれていた。昨日、街のどこからともなく聞こえてきた砲声は、これであったのかと思いながら写真を撮る。既に準備をしている人が火薬をつめていた。見ると周辺に、そして門に向かって爆竹の長い紐が置かれていた。ところどころに打ち上げ花火もあった。花嫁、花婿が到着する時にでも打ち上げられるのだろう。それは門の外まで続いていた。

特快バスの発着所を探しながらの散歩を開始する。集安市内は確かに狭い。あらかたのところは昨日で見てしまった。で、今朝は国内城遺跡公園に行く。ホテルから歩いてもさほどの距離ではなかったが、小型のタクシーに乗る。昨日まで案内を続けてくれた趙冶さんのお父さんは今日も車を出してくれると言っていたが、仕事を置いての毎日では気が引けたので断った。タクシーは直ぐに目的地に着いた。昨日、お昼を食べた店の前が公園である。大きな桃の木には花が満開に咲き誇っていた。子供連れのお母さん方が数人、子供を見ながら話し込んでいた。日本で見る公園の風景となんら変わるところがない。遺跡公園だからさぞかし遺跡群があるのだろうと期待したが、それらしきものは公園の片隅にある城の跡地で、それも大きいとはいえない。雨を凌ぐためにトタンの屋根が取り付けられ、周囲を柵で囲み、「立ち入り禁止」となっていた。囲いの反対側は幼稚園のようで、そこには柵もなくただの段差があるだけだ。そんな状態だから誰でも入れそうで、現に幾つもの新しい足跡が敷地内を駆け回っていた。柵の外に遺跡の瓦と同じ瓦の破片が落ちていた。妻がそれを見つけ、「誰かがこちらへ投げた物ね」といいながら投げ返していた。同じような瓦の中に上手く落とされると、違和感なくそこに納まった。

「遺跡と言っても、河原の石が放置されているようで、どうも歴史を感じませんね」

我孫子先生は期待はずれだと言わぬばかりの口ぶりだった。確かにそのとおりで、足元の石と変わらない石の塊が、城跡の石として柵の内外に分けられていた。期待は裏切られた形だった。

「私に言わせれば見るべきものはありません」

そう言っていたお祖父さんの言葉が思い出された。

私たちは公園を出て、大通りの勝利路に出た。日差しは強くなり、女性たちは肌が焼けるのを気にしだしていた。勝利路の通りの反対側にバス・ステーションが見えた。雑居ビルのようなところの一角なので、我孫子先生が「ちょっと見てきます」といって通りを渡っていった。私たちは車の流れも多かったので、渡ることなく待つことにした。ほどなくして建物の中から出てこられた先生は、両手で大きな○を描いた。特別快速バスの発着所であることを知らせた。発着所がわかれば後は心配することは何もない。時間が来るまでぶらぶらするだけである。私たちは近くのスーパーに行ってみた。お土産品を買うのであるが、スーパーはどこも同じで、特別に買うお土産品もなかった。それでも幾つかの買い物をそれぞれがした。妻が買ったお菓子は桂林で作られた「栗焦がし」のような物だった。どうやらお土産は何でもよかったようだ。

「集安駅も見ておきたい」

折角来たので私はみんなに提案した。誰も時間があるので反対もなく、タクシーを拾って集安駅へと向かった。駅は市街のはずれにあった。中国の東の最果ての駅の一つである。駅舎は新しく建て変えられたようで、広々としていた。待合室が特に広い。構内を覗くと、客の姿はなかった。列車は一日に何本もないようだ。時刻表を見るとそれが分かる。昨日、鉄橋を見てきたので、北朝鮮の満補駅へと行く列車があるのかと時刻表を見た。ここでは国内の時刻表しか見当たらなかった。公的な仕事以外頻繁に行き来するほどの関係ではない。一般人の往来は当然のことながら出来ない。プラットホームには臙脂色に白いストライブの入ったジーゼル機関車が一台、隣の線路に貨車が一台見えた。一見のどかな風景である。駅舎内から私たちが出て行くと、先ほどのタクシーが私たちを待っていた。駅にはその他、何時来るともわからない客を頼りにタクシーが数台待機していた。私たちが近づくと、その内の一人の運転手が自信たっぷりに言った。

「ピョンヤンへ案内するよ、乗らないか」

「どうやっていくの」

すかさず我孫子先生が聞いた。

「行き方は知っているから任せろ」と言ったようだが、私たちはさっさと、先ほどのタクシーに乗り込み市内へと向かった。白タクでピョンヤンへ行って、万が一帰れなかったらどうなるのだろう。そんな恐怖を感じた運転手の誘いであった。次に行った先は商貿歩行街の電気屋だった。別に電化製品を買うためではなく、値段を見るためである。女性たちは予想外な値札を見て口を揃えて言った。

「高いわ、高いわ」

お互いに顔を見合わせている。テレビもそうだが洗濯機、冷蔵庫など日本の製品も並べられていた。もしかすると日本より高いのではないかと思えるくらいの値札がついていた。中国人の平均収入からすると、とても買えそうもない値段である。一万元以上の値段を見ると、彼女たちは呆れた表情をしながら、興味本位に更に高い値札を見て回った。いかに中国の物価が高いか、目の当たりにしているのだ。それでも家族連れの客が冷蔵庫の前で、服務員の説明を聞いている姿を見つけた。結婚でもするのだろうか、若い女性の親たちが頻りとドアをあけたり閉めたりして中を覗き、内部の構造やドアの感触を確かめていた。私たちは揃って、呆れ返った表情で店を出た。手持ち無沙汰な服務員たちは不信そうに私たちを眺めていた。通りに出ると露天商が売れそうもない木工品を並べていた。露天商の女の人は客を呼び込むわけでもなく、ただ通りすがる人々を眺めているだけである。

「あれで商売が成り立つのですかね」

妻が心配げに問いかける。

「誰かが買ってくれるのを、じっと待つのが彼女の商売です」

こともなげに我孫子先生は応える。本来なら「これだから中国人はいけないのだ」というところであったが、敢えて我孫子先生は言わなかった。妻も自分の忙しい消費者相談員としての生活を省みてのことだろうか、感慨深げに一言付け足した。

「何が幸せか、良く分かりませんね」

新楽路との交差点でイチゴを売っている女性に出合った。一つ食べてみなさいと言われ、女性たちが食べてみた。

「少しも甘くない」

女性たちが口を揃えて言った。我孫子先生は通訳して相手に笑いながら伝えた。

「そりゃあ、そうだよ。砂糖をかけりゃ甘くなるよ」

隣に坐って別の物を売っていた男性が、そんな言葉を投げて寄こした。

それを我孫子先生が通訳して女性たちに伝えた。

「なるほど。砂糖をかければ確かに甘くなるわね」

二人は納得して言った。そう言えば、昨日、洞溝古墳群を見に行った帰り、あまりの道の悪さに我孫子先生は趙冶さんのお祖父さんにこう尋ねた。

「どうしてこんなに道が悪いのでしょうか」

するとお祖父さんは平然と応えた。

「誰も道を修理しないからです」

私たちは笑ってしまった。日本人とは発想が違うのである。結局、イチゴは買わなかった。砂糖を持ち合わせていなかったからだ。

昼近くなったので荷物を取りにホテルに戻った。それからレストランを探した。食事時間をたっぷり取れるレストランがよかった。我孫子先生がバス・ステーションの近くの店を探してきた。それほど大きくない店の二階に私たちを案内した。店内はどのテーブルも客で一杯である。それで中国人の喧嘩をしているような大声が自由に響き渡っていた。まるで隣で騒がれているかのようだ。それにしても彼らの声は大きすぎだ。そんな声を聞いていると辟易してくるが、どこへ行っても同じである。仕方がない。ここは中国である。日本人には出したくても出せない大声を、恥じの文化特有の小さな声で私たちは話し合う。いずれにしても頭の痛くなる店であった。店員が来たところで、個室をお願いして席に着いた。

料理を注文し終わったところで、我孫子先生は趙冶さんを携帯電話に呼び出した。彼女を食事に招待しようとしたのだ。すると電話の向こうの彼女は「食事は終わりました」といっていた。やむなく、私たちだけの食事が始まった。個室に入ったはずなのに、壁一つ隔てた部屋の声が、頭を叩かれるように響いてきた。食欲さえ失いそうである。その大声が止んだのは一時間ほど過ぎたころだった。彼らは仕事に出掛けたのだろうか。階下の声も静かになった。暫くして趙冶さんが私たちを見送りに来てくれた。特快バスの出発時間を見計らって外に出た。

私たちは一軒の骨董屋を覗いた。骨董は私も興味はあるが、一見して特に目立った物もないのが分かる。北京の瑠璃街で骨董品を買ったことを思い出していた。「中国での骨董品は九九パーセント偽物です。本物は国外持ち出し禁止です」と呂元明先生はかつて私たちに教えてくれた。ところが、我孫子先生は古い紙幣に興味を持っているようで、ガラスケースから取り出してもらい、光を当てながら真贋を確かめ始めた。店の女主人は好いお客が来たと、最初は高値を言っていたようだが、値段を下げて「一〇元にまける」と言い出した。暫く見ていた我孫子先生は女主人に向かって言った。

「本物なら、一〇元では買えないものだ」と言い、それから「安くしたことが問題ではない。贋物を本物だといって売ることが駄目だ」と言い張った。結局見るだけで終わったのだが、女主人は怒ってしまった。立ち去ろうとする我孫子先生に悪罵を投げつけた。

「いろいろ文句を言った上に、何も買わない。あんたはケチな人だ」

「贋物なら贋物として売れれば買ってあげたのに、何を言うか！」

我孫子先生も怒って女主人に言い返していた。

バス・ステーションの入口は狭かった。中に入ると待合室が異様に広かった。それで乗客たちが集まってきていたが、待合室の片隅に屯しているばかりだった。

発車までには三〇分以上時間はあった。私たちは椅子に座って時間待ちをした。発車十分前でないと改札が始まらないようだ。傍に母親に連れられた子供がいた。子供はまだ五歳くらいだろうか、お菓子を食べ終わると手にしていた袋をゴミ箱まで捨てに行った。日本では当たり前のことだが、思わず珍しい子供だと思ってしまった。どこの子供でも、自分が食べ終わると母親にゴミを渡す。それを受け取った母親は、ぽいっと素知らぬ顔してどこでもかまわず投げ捨てる。それが中国では自然だ。例えばバスの中なら、窓の外、建物の中ならその場近く、大学でも同じだ。ゴミはどこにでも捨てられ、別な人が掃除すると思っているようだ。もっとも掃除する人が居なければ、大風の時は自由に空を舞うことになる。我孫子先生も驚いたようで「めずらしい」と言いながら子供を褒めていた。

時間を持て余していた私たちは、趙治さんの差し入れてくれたアイスクリームを食べた。冷たいが、早くも暑さに溶け始めていた。アイスクリームを食べているところへ、お父さんとお祖父さんが見送りにやって来てくれた。忙しい中での見送りに感謝を言い、握手を交わしながら記念写真を撮った。ほどなくすると、「特別快速バス・長春行き」の改札が始まった。私たちは趙治さん家族から「土地のものです」と言ってお土産を貰った。

考えてみれば私たちはお土産も持たずに集安にやってきた。そして趙治さんの家族に食事に誘われたり、市内を車で観光させてもらったりした。感謝以外に言葉もなかった。

私たちは別れの手を振りながら改札口を通った。特別快速バスに乗ると、車内は長く日差しに曝されていたのだろう。ムッとする暑さがこもっていた。席に着くと私は窓のカーテンを半分ほど閉めた。集安市との別れを見つめたいと思ったのだ。

特別快速バスは時間通りに集安を出発した。一昨日、趙冶さんのお父さんの車で走った道を、今度は逆に特別快速バスは走り抜けて行く。集安の落ち着いた街並は瞬く間に通り過ぎた。将軍塚も小さく見えたが、直ぐに後ろへと消えてしまった。やがて、山間部の奥深いところに特快バスは向かった。来るときに見た五女峰の景観をもう一度見ようと思った。しかし、山間部に入ると私たちはいつの間にか眠ってしまった。目を覚ました時には、五女峰の景観どころか通化市に近いところまで来ていた。この辺りはまだ高速道路ではないが、随分と道が整備されていた。

通化市内でのトイレ休憩を経て、川沿いに走り始めると事故が待ち受けていた。同時に道路工事も行われていて、特別快速バスは渋滞に巻き込まれてしまった。時間だけがやたらと過ぎていった。いつ長春に辿り着くか分からなくなった。「予定は予定、結果は結果」の国である。そう思ってみたが、特別快速バスの中で無為に時の過ぎるのを待っているのは、私たちには無理だった。ところが乗客たちは一向に気にする風もない。目の前に映し出されたテレビ画像を見始めていた。

テレビ画面の漫才師は観客だけでなく、特別快速バスの乗客たちをも笑わせた。

家家楽スーパーから農大市場へ

集安旅行から戻ると、やっぱり疲れた。
集安市からの帰りのバスは、長い間揺られ続けた。それが疲れの原因のようだ。昨夜遅く大学に戻ったが、夕食は抜いてしまった。それなのに今朝もまだ空腹感がなかった。私も妻も全身が気だるく、頭の中がボーっとしてスッキリしない。なんとか朝食だけはと思って、買い置きの冷凍餃子をお湯で温めて食べた。ピーマンも焼いて出したが、一切れずつ食べただけである。食事が終わって、三日間の洗濯物や旅に持って行ったものを整理した。

窓の外は風が吹いていて雲に蔽われている。コーヒーを飲みたいと思ったので、ボイラー室へお湯を貰いに行った。公寓を出ると、窓から眺めていたよりは外気は温かい。やはり春が来て寒さは完全に遠のいたようだ。学生たちの姿はまだほとんど見当たらない。ボイラー室にも、学生たちの姿はなかった。係の男性の姿もなかった。彼は運動に出かけているのだろうかと思う。ポットにお湯を汲み終わると、自室に戻っていった。のんびりとした構内を出て行く学生たちがいた。市街へ買い物にでも行くのだろうか。

コーヒーを飲み終わると、一休みして妻を農大市場へと誘ってみた。窓の外の雲の流れが危うく感じられた。雨の降らないうちに野菜物を買っておきたいと思う。私に誘われた妻は外に出かけると聞いて化粧を始めた。

「『歳を言うと随分お若いのですね』って言われることがあるけど、『綺麗ですわね』って言われたことがない」

化粧を始めると、そんな言葉を私に投げかけた。

「そんなことはない。充分にきれいですよ。学生たちも『奥さんはきれいです』てっ言ってたでしょう」

私は妻に答えて言った。六〇歳にしては肌も若いし、髪の毛もまだ黒々としている。髪の少ない私と比べればかなり若々しく見える。生徒たちの評判も良かった。

構内ではそれほど風の強さを感じなかったが、校門を出ると風も強く吹いていた。家家楽スーパーの前を通る。

「あら、前回来た時にはなかった建物ね。ちょっと寄ってみたい」

家家楽と言う看板に興味を示して妻は言った。何事にもすぐに興味を見せるのが彼女である。

「いくつかの店が入っているスーパーだよ」

私はそっけなく言った。

「行ってみたい」

「ただ見るだけだよ」

「分かった」

一度立ち止まると、なかなか動かない妻の習性を知っているので、念を押して家々楽スーパーへと入っていった。一階の店内に入ると、右手に八百屋があり、左手にはケーキ屋があった。ケーキ屋のケースには作り立てのケーキが並んでいた。しかし日本で見るような上品なものではない。デザイン性には遠くかけ離れていた。ケーキのほかには月餅《ユエビン》なども置かれていた。奥には中華料理店があり麻辛湯《マーラータン》などの麺類のポスターが掛けられていた。客が薄汚れた椅子に腰を下ろして食事の最中だった。その客の脇には食べ残しの料理を入れる大きなポリバケツがいくつか置かれていた。残したものをそこに入れると、やがて豚の餌になるのだろう。まだそれほどの客が来ていないのは、ポリバケツの中が一杯でないので分かる。野菜たっぷり入れるのは、自分で好きなだけ入れられるからである。テーブルと言ってもカウンターで、やはり先客の食べ残しなどで汚れている。

二階に上がると妻は化粧品に興味を抱いた。値段を確かめながら化粧品を観ていた。

「ちょっと高いわね。日本でも同じくらいの値段だわ」

中国の給料水準と比べて高すぎる化粧品だと言いたいのだろう。それでも手にしてみるだけでは済まなくなったようである。

「高くても、女性にとっては必要な物なのよねェ。帰りに買って行こうかしら」

見るだけだと念を押したつもりだったが、それは無理だった。欲しいものが次々と並んでいるようだ。とうとう買い揃える品を幾つか決めて家家楽スーパーの外に出た。

農大市場はここから五〇〇メートルほど先にある。長春駅行きのバスの発着場所でもある。しかしただの広場があるだけで、周りは雑然とした古い家と店が立ち並ぶだけである。農業大学の学生たちが居なかったら、全く閑散としたただの凸凹とした荒れた広場に過ぎない。

農大市場に行こうと誘ったとき、「あの汚い感じのする市場ね。肉や魚にハエが一杯飛んでいたわ」と妻は表現する。私にとっては慣れてしまった市場で、ハエの多さは気になるが、それもまた馴れてしまったようだ。確かに建物の中は暗く汚れてはいる。だが、野菜などは比較的新鮮で、散歩がてらに買いに行くのは楽しみの一つであった。

私は買い慣れた店で野菜類を買った。妻は見慣れない果物を見つけて「食べてみたい」という。計りにかけて値段を聞いたら妻が思っていた以上に高い。「それじゃ、いらない」と慌てて取りやめた。一階の肉売り場や魚売り場は出来るだけ素通りした。生ものの匂いが強烈に店内に漂っている。それを避けるように、二階へと上がっていった。二階の階段を上り切ったところに文房具屋があり、その隣に駄菓子屋がある。駄菓子屋で飴類を買った。甘いものが欲しくなったのだ。衣料品類はその先にあり、雑貨類も豊富に並んでいた。私たちは衣料品を見たり、装飾品を見たりして店内を歩いた。だが、二階に上がるころから急に私のほうが疲れてしまった。店内を歩いていることも苦痛になっていた。疲れの原因は「旅行の疲れ」だろうとまた思った。私の予定としては農業大学の校内を散歩したいと思っていたのだが、とてもそんな元気が出なかった。

「疲れたので帰りましょう」

私はそう切り出した。

「だいじょうぶ？」

私の顔色をうかがいながら妻は言った。やむを得ないと思ったのだろう。妻は帰ることに納得して、様々な臭いでむせ返る農大市場を私たちは後にした。


私の足取りは重かった。家家楽スーパーの前に戻ってくると中に入りたくなかった。ともかく部屋に戻ってベッドで休みたいと思ったのだ。

「家家楽は一休みしてからまた買いに来ましょう」

そう言いながら家家楽スーパーの前を通り過ぎた。すると突然妻は不満げに怒り出した。

「だから、先に買っておけばよかったのよ。あなたが見るだけだというから、帰りに買うことにしたのじゃない。夫婦はもっとお互いの気持ちを理解して労わるものじゃないの」

「後でもう一度くればいいじゃないか。荷物も持っているのだから疲れたよ。ちょっと荷物を持ってごらん」

そう言いながら荷物を妻のほうに見せた。すると、妻は荷物を持つとますます不機嫌になった。

「私はいつも、これくらいの荷物を持って仕事に行っているわ。埃で汚れた顔も洗いたいのに」

妻は化粧品への未練が募るのか、それっきり口をきかなくなってしまった。私同様に疲れていたのだ。農大市場に誘われたとき、断ればよかったと妻は思っているようだった。

それでも部屋に戻ると、軽い昼食を二人で取るとその後は三時間近く眠り続けた。寝ている間に雨が降ったようで、窓の外は濡れていた。

長い睡眠をとったので、約束通り家家楽スーパーへと改めて出かけて行った。

夕方になって王麗萍《おうれいひん》さんから哈爾賓へ友達と行って来たという連絡を受けた。小旅行を楽しんだようだ。「どこへも出かけない候蕾さんがいる」と聞いたので、電話をかけて「明日、晴れたら浄月潭《ジョンユエタン》へ一緒に行きましょう」と約束を取った。妻はまだ浄月潭へは一度も行ったことがなかった。

候蕾さんと浄月潭へ

次の日、ボイラー室へお湯を貰いに行った帰り、ロビーの出入り口で我孫子先生に出会った。我孫子先生はいつもの笑顔で、話しかけてきた。

「今朝は深い霧で一メートル先も見えないほどでした」

すでに霧は上がっていたが、改めて外を見ながら言った。

「五時前に部屋を出て、中東大市場まで歩いていってきました。今帰ってきたところです」

「二時間の散歩ですか」

私は驚いて訊き返した。教職員棟の四階研究室まで上ってくるとき、途中で一休みしているのを時折見つけた。「だいじょうぶですか」と声をかけたりもしたものだ。それなのに、中東大市《チョントンダーシー》場《チャン》まで往復八キロメートルはある。そこを歩いたのだ。昨日は、「疲れたのか腰が急に痛くなり、歩くのもママならない」と言っていた。

「無理をなさらないでください」

「いや、時々歩いていくので、慣れているのです。奥さんはどうしています」

「今日は天気がいいので浄月譚へでも連れて行こうと思っています。寮に残っている女子生徒も一緒に行きます」

「それは、良かったですね。私も一緒に行きたいところですが、用事がありますので失礼します」

そう言うと、我孫子先生は自室に戻っていった。

部屋に戻ると妻は起きていた。「朝食はインスタントラーメンに野菜や卵を入れ、味付けもちょっと変えて作っている」と言う。ほどなくすると朝食がテーブルに並んだ。一人で食べるときよりも、はるかに美味しいと思うのは妻がいることの安心感だろう。インスタントラーメンが意外に美味しかった。食事を済ませると、二人分の洗濯を始めた。昨日は疲れてできなかった。洗濯機を回し終わると、室内干しをした。

九時になったところで、侯蕾《こうらい》さんに電話を入れた。寮に残っている学生もいたら一緒に誘ってほしいと伝えた。すると、同室の張変変《ちょうへんへん》さんはすでにどこかへ出かけてしまったという。他の学生たちは学校の外にあるインターネットの店に行き、寮を出ていて居ませんと返ってきた。やむなく、候蕾さんだけが私たちと浄月潭へ行けるようだ。彼女は唐山市の出身である。満州族であり気持ちの強い女性であった。「将来は日本関係の企業に努めたい」との希望を持っていた。

電話を終えて三〇分もすると、スポーツウェアーに身を包んだ候蕾さんがやってきた。

「寮には、クラスの人は誰もいません。私が朝寝坊している間に出掛けたようです。張変変さんはどこへ行ったか分かりません」

部屋に入ると先ほどの電話と同じようなことを繰り返した。

「私が昨日のうちにみんなに伝えておけばよかったですね」

ちょっと寂しい気がしてそう返した。結局、三人で浄月潭へ出発することになった。

浄月潭は「満洲」時代に人口の増加する長春市の電力不足を補うために、水力発電所の必要性にかられて作られたダム湖である。この発案は台湾の台中にある日月潭《リーユエタン》を模したもので、名前もそこに由来する。長春市は砂埃の多い緑の少ない街である。浄月潭はそんな市内からわずか一二キロメートルほど東の、なだらかな山間の森林地帯に存在した。現在では浄月潭森林公園として有名で、多くの市民の憩いの場所になっていた。

校門の前でタクシーを拾い、浄月潭森林公園へ向かってもらった。タクシーは東へと一直線に走り続け、浄月潭森林公園の入園口広場まで行った。広場でタクシーを降りた。思いのほか、時間もかからなかった。入園口の周りには車で訪れる人が多く、駐車料金を支払ってチケット売り場へと歩いていた。入園料は一人三〇元である。三枚のチケットを買って私たちは中に入っていった。ゲートを通りぬけると広場から北普陀寺へと私たちは向かった。北普陀寺は園内唯一の大きな寺院ある。大勢の参拝者が坂道を登って行った。股関節の悪い妻は杖を突きながら、黙々と坂道を上がって行く。

「ゆっくり上りましょう」

妻の足を心配しながら候蕾さんに伝えた。彼女は妻の脇に寄り添うように歩いている。

「大丈夫、心配いらないわ」

妻はそう言いながらしっかりと歩いていた。

坂を上り切ると北普陀寺の入口に出た。そこで入観料一人二元を支払わせられた。赤や緑の極彩色で彩られた鮮やかな門を潜る。正面に大きなどっしりとした形の本堂が建っていた。本堂内には、中に入る人の列が長々と続いていた。諸仏に礼拝するのだろう。私たちは並ばずに先へと進んだ。本堂の前には青銅の灯篭が立ち、その直ぐ後ろに巨大な赤い線香が、香炉の火で点けられて奉納されていた。日本では見かけることもない巨大な赤い線香だ。その巨大な赤い線香を立てかける柵の周りは、モクモクと煙が立ち込めさらに大小色さまざまな線香で一杯だった。信者たちは、手で持つには重そうな巨大な赤い線香に火を点していた。火が点ると本堂とは逆な正門のほうに向かって数回、深く頭を垂れて礼拝し、礼拝が終わると傍の柵に立てかけた。線香を献じた後は手前の三つの丸い石に膝を着き、今度は深く叩頭していた。それは本堂の中に入って礼拝する人々の礼拝方法と同じであった。

私たちは本堂の建物の中をちょっとだけ覗いてみた。

金色に彩られた弥勒菩薩を中心に、二体の菩薩が左右に並んでいた。私は記念にと写真を撮ろうとした。すると、どこから現れたのか係員が手を振って大きな声で言った。

「写真は撮らないでください」

結局、堂内に入らなかった。左右の菩薩たちの前には、小柄な金色の四天王たちの姿も見られた。特殊な社会主義国の人々の仏教信仰は厚いのだろう。寺院内はあふれるほどの参拝者が礼拝していた。私たちは折角来たので三人並んで記念写真を撮った。

北普陀寺を出ると坂道は続いていた。その坂道を登り切ると浄月潭のほとりに出た。周辺は松の樹林や白樺の林が覆っていた。湖面は水を満々と湛えていた。私たちは木陰に入って、腰を下ろして休憩し湖面を眺めた。モーターボートがエンジン音を響かせて滑っていた。小さなボートを漕いでいる恋人たちもいた。「満洲」時代も同じような風景が見られたのだろうかと私は思った。当時、市内の公園などには池があり、ボートで楽しむ男女の姿が絵葉書になっていた。浄月潭も又同じ風景があったのでは。

私たちはしばらく休憩した後で、湖岸沿いの道を更に先へと歩いて行った。樹林が切れた道では日差しが真夏のように強く、風の流れは穏やかで涼を求めることはできなかった。時折水面を渡ってきた風が吹きあがってきた。その時だけは涼しさを感じた。しかし、暑さに代わりがなか

浄月潭の寺院の線香

った。

浄月潭の景色を眺め歩いていると、露天に近い店があった。店ではアイスキャンディを売っていた。私たちは喉も乾いたので、アイスキャンディーを買った。店の前にはビーチパラソルがあり、椅子がいくつか置かれていた。私たちはその椅子に座り一休みすることにした。アイスキャンディーを食べ始めると、今朝、出がけに家々楽スーパーで買ってきた包子を妻は思い出した。

「候蕾さんはお腹がすいていませんか」

妻はそう言いながら、「お父さん、ザックから包子を出して」と言った。言われるままに私は背中からザックを下ろして口を開けた。暖かかった野菜の包子は僅かに温もりを残していた。包子を取り出すと妻に渡した。妻はすぐに候蕾さんに手渡した。

「お一つどうぞ」

「ありがとうございます」

お腹を空かしていたのだろうか、候蕾さんは受け取るとすぐに食べ始めた。

「美味しいです。どこで買ったのですか」

「家々楽ですよ。ほら新しくできたスーパー」

そう言いながら朝しっかりと食べた筈の妻もいつの間にか口にしていた。

この辺りには行楽客の姿は少なかった。かなり背の高い樹林で覆われた木陰に、数組のグループが腰を下ろして休んでいた。

暫く休んでからまた歩き出した。まるでハイキングのような道のりである。風向きが変わったのか、森林浴にふさわしい風が吹き抜けていた。

「この道は、だいぶ涼しいわね」

暑さにまいり始めていた妻は喜んだ。

候蕾さんは額に汗を流していたが、黙々と歩いている。

樹林帯には木漏れ日が差し込んでいた。その木漏れ日を抜けて風が降りてくる感じである。私たちは湖の湾部に入ると植物園の立て看板を見つけた。

「植物園に行ってみない?」

植物の好きな妻が言った。浄月潭ははてしなく広い感じがする。適当なところで戻るほうがいいと私は思った。

「候蕾さんはどうしますか」

とりあえず候蕾さんの意見も聞いてみることにした。

「私はかまいません」

彼女は、妻の傍から離れずに言った。なにしろ候蕾さんはずっと妻の傍にいてサポートしている。私は出口に近くなるかもしれないと予測して、植物園のほうへと入っていった。浄月潭森林公園の園内は広い。行楽客の姿の少ない場所では長春市内で見かけない小鳥たちが、チッチッチとしきりに囀る声が聞こえた。

植物園へと続く道は白樺の林である。いつしか風が通り抜けて行くようになった。やがて山間の細道に入ったところで、出口と書かれた看板を見つけた。

「植物園はまだ先のようだし、今回は無理をしないで戻りましょう」

杖を突いて歩いている妻の足取りに疲れがみえた。

「先生、奥さんは疲れていませんか」

候蕾さんは妻と一緒に歩いて分かるのだろう、心配そうな顔を見せて私に問いかけた。

「私は大丈夫です」

妻はそう言ったものの、出口の看板の指示通りに私が歩きだすと、植物園は諦めて歩き出した。

白樺の林が終わって松林が多い林道に入っていった。

「本当に戻っているの。誰かに聞いたほうがいいんじゃないの」

今度は逆に妻が行き先を心配して言った。

「道標があるから、この道でいいと思うよ。それより股関節の状態はだいじょうぶ？休憩しながら行きましょう」

広い公園内を、最初は森林浴などを味わいながら歩いたが、もう結構歩き続けていた。妻の足取りが次第に重くなっていた。すると私たちの目の前を、リスが地を走り赤松の木に登っていった。

「中国語でリスは何というの」

妻は候蕾さんに訊いていた。

「松鼠《ソンシュウ》と書きます」

妻の手に候蕾さんは松鼠と書いた。

「あら、松のネズミと書くのね。それで松の木に登ったのね」

そう言いながら松に登ったリスを探していた。

「リスは松の実を好んで食べるのです」

候蕾さんは一緒になってリスを探した。

ほどなくすると本道に出た。すると目の前に池のある広場が見えた。広場には家族連れの人たちが枯れた芝生の上にシートを敷いて座り込んでいた。彼等の多くは持参したお弁当を開いて、楽し気に食べている。子供たちは食事が済むと池に向かって走ったり、鬼ごっこでもしているのかはしゃぎまわっていた。私たちは池を眺めるベンチに腰を下ろした。そして持参したお弁当を開いた。

妻の帰国

浄月譚森林公園への観光を終えた後、次の日には呂元明先生と農安県《ノンアン》へと小旅行をした。農安県への道は長春市郊外を北に出る。その先はただ広々とした耕地が広がっているばかりであった。防風林のポプラ並木が広大な耕地を区切っていた。それが延々と続いている。妻は黙ってタクシーの車窓から外を眺めていた。同じ風景が果てしなく続くので圧倒されているようだ。

「東北の大地は夏になると、どこもかしこも背の高い玉蜀黍の畑に変わります。これから行く農安は遼の都の有った所です」

呂先生はゆっくりと説明しはじめた。農安が遼の都であったのは一一一五年にワンヤルアクダが建国した金国の始まる前のことである。先般、学生たちと旅行した阿城区は金国の都でもあった。

「東北には少数民族が国を作っては次々と興隆し、衰退を繰り返した歴史があります。この間、集安へ行ったと言いますが高句麗もまた同様です。農安は吉林省の中でも一、二を争う農業生産量の高い県です。でも、農産物はどんなものでも中国では安いです。ですからとても貧しい県です」

農安県に入ると街の中心にレンガ造りの大雁塔が建っていた。大雁塔の周りは車が絶えず流れていて、近づくことも難しい程である。

呂先生の説明は続いた。

「この建物は遼の時代の九八三年に建設が始まりました。とても古いものです。一〇三〇年にようやく出来上がりました。高さは四四メートルの巨大な建物です。よく見てください、だいぶ新しく見えますね。新しいのは近年に修復した跡です。古いままだと倒れてしまいます」

呂先生はなぜかこの大雁塔を見てほしかったようだ。東北の歴史を伝えたかったのかもしれない。次に案内してくれたのは「禅林」の金剛寺であった。こちらは建て替えられて正門は極彩色豊かに赤や青で彩られていた。特に屋根の極端に先のせり上がった姿が特徴的である。寺内に入って歩いてみると、建物の多くはやはり新しい。その中に極彩色に彩られた本堂や普賢、文殊菩薩の堂があった。仏像たちも皆新しく金色に輝いていた。浄月潭の北普陀寺の仏と同じで、寺内の一番奥に一つだけ古い建物があった。そこは信者たちが来て叩頭してお参りをしていた。私たち夫婦は異邦人である。ただ彼らの習慣を見ているだけであった。

私たちは幾枚か寺院内の写真を撮った。写真の撮り終わるのを待って呂先生は言う。

「写真を撮りましたら、次のところへ行きましょう」

農安の仏教寺院

「次はどこでしょうか」

「お腹も空きましたね。ですから料理店へ行きます」

　農安市で見たのはそれだけであった。金剛寺を出ると呂先生はタクシーを拾った。日差しは暑く夏のようである。だが、蒸し暑さは感じられなかった。

「長春は春がなく、冬から直ぐに夏が来ます。そして秋が来たと思ったら冬になります」

　呂先生は笑いながら長春の季節の変わりやすさについて話した。今は、夏の暑さが始まっていた。タクシーに乗ると、再び高速道路を走り長春市郊外の「農民料理」店へと向かった。呂先生は「農民料理は、百姓が食べるものです」と言いながらも結構本人が好きな料理でもあった。

　農民料理の店内は、赤い大きな「喜」とい

う文字の入った提灯が一列に並んで下がっていた。赤いクロスを敷いたテーブルの上には、大勢の人が食べ残した料理の後があった。テーブルの周りにはヒマワリの種が散らかっていた。

「結婚式が終わったのですね。誰もまだ片付けませんね」

ヒマワリの種が山のようにまき散らされているのを見て呂先生は言う。作業員が忙しいのだろう。後回しにされていた。

妻の滞在は一〇日間であった。残りの日々は私の教室を訪れたり、学生たちの日本文化祭の練習を見たり、日本文化祭の当日は生け花を学生たちの前で披露した。もちろん市街への買い物や、中東大市場へも出かけて行った。我孫子先生ご夫婦との会食や、索《さく》先生ご夫婦との会食を楽しんで日本へ帰国した。

農大市場へ買い物

妻が帰国してからまた一週間が始まった。一時、青森に帰られていた我孫子先生の奥さんも帰って来るという。研究室にいると我孫子先生のそわそわした態度でよくわかる。落ち着かない様子で授業に出かけて行った。私の方はとりあえず上級テキストの第二課を早めに終わらせることだと思った。先週から上級テキストを始めていたが、予定の半分も終っていなかった。理由は集安旅行に始まり、日本文化祭などもあって意外に疲れを誘ったのかもしれない。今週からはもう少し楽に授業ができることを期待した。

今朝は教室に向かう足取りも軽くなっていた。教室に入ると、学生たちは日本文化祭の余韻もなくなり、後期の授業も終盤に来た気持ちになっている。意欲を見せる学生、いつもと変らない学生、それに少し意欲を失っている学生と様々である。程君には今まで以上に声掛けをしてみるつもりである。阿城区から戻ってきて、しばらくは彼も意欲的であった。それも長くは続かなかった。彼と比べることはできないが、桂花さんを中心としたグループは、黙っていても積極的に学んでいる。授業態度も集中していた。勿論、楊柳さんのように、授業が終わるのを待ちかねて、「先生！」と言って小走りに寄ってくる学生は珍しい。

一時限目は読解と文法に力点を置いて授業を進めた。多くの学生に質問して、回答を求めているとたちまち時間が過ぎていった。終了の時間が来ると、例によって楊柳さんに捕まった。

「先生、この文章であっているかどうか、添削してください」

自分でテーマを決めて書いた文章のようだ。教卓の上に素早くノートを開いて置いた。今回は文章の添削だけである。おかげで研究室に戻るのが少し遅くなった。

研究室に戻ると部屋の掃除を始めた。毎週水曜日に行っていた掃除だが、今週からは水曜日は東北師範大学の図書館に行く日と決めて今日に変更したのだ。まだ河本先生も我孫子先生も戻ってこない。二時限目の授業を引き続きされているのだろう。私は一時限で授業が終わりである。掃除を終えるとパソコンを立ち上げた。ＵＳＢを差し込んで第三課の新しい言葉を開き、プリントにかけた。プリントを終えると、印刷室に寄って生徒の数だけコピーをしてもらった。

午後からは楊斌君が私と一緒に農大市場へ買い物に付き合ってくれるという。このところ、徐《じょ》征《せい》君も程君も彼女との付き合いのほうを優先していた。いつの間にか土曜日の補講授業も終わりになってしまった。彼らが理由をつけてこなくなってしまったのだ。それに反して、楊斌君が何かにつけて私の部屋を訪ねてきた。

「彼女に手紙を書いたのですけど、見てください」

レターペーパーとは似ても似つかない古紙に書かれた彼のラブレターである。しかし見させてもらうと、一応は日本語で書いていたのだが、文章がめちゃくちゃで手紙にもなっていない。それを添削するのだから大変である。

「君の気持ちは、どうなのですか」

などと聞きながら、私が書くことになってしまう。まるで「恋文屋」のような始末であった。それでも、時間があると、「先生、今日先生の部屋に伺っていいですか」と言って私の部屋を訪ねてきた。

部屋に戻ってパソコンを立ち上げる。集安旅行についての文章を書き始めた。記憶が薄れてしまってからでは何も書けないので、思い出しながらの記録である。やがて食事をとりながらも続けていると、ドアを叩く音がした。パソコンの手を止めてドアを開けた。

「先生、農大市場へ行きましょう」

楊斌君が迎えに来たのだ。

「ちょっと待って、今支度をするから。中に入ってください」

彼を部屋の中に招き入れると、私はパソコンを閉じた。

「農大市場では、何を買うのですか」

彼は興味深げに聞いた。

「夏のワイシャツを買いたいと思ってるんだよ。楊斌君に値段交渉してもらおうと思って」

「分かりました」

楊斌君は納得して、窓際のテーブルの前の椅子に座った。少しばかり待って貰って、とりあえず外出用のシャツに着替えた。窓の外を見るといつの間にか黒い雲が空を覆い、風が激しく吹いていた。

「楊斌君が来るとき、風が強かったですか」

「少し強かったです」

「にわか雨が来そうだね。ちょっと様子見をしてから出かけることにしよう」

「やっぱり雨が降りそうですね」

彼は、空模様を観ながら言った。

風の勢いが増し、ガラス戸を強くたたいていた。ほどなくすると、突き刺すような雨が一気に降り出した。風の勢いはますます激しくなり、唸り声を轟かせた。風の勢いに気圧されたたのか、雨は申し訳程度に降っただけで終わってしまった。やがて西の空から雲の層が薄れ出すと、たちまち光が射してきた。

「やっぱり、にわか雨でしたね」

コーヒーを飲みながら楊斌君は窓の外を見て言った。

私たちは頃合を見計らって、農大市場へと出かけた。風は止むことはなかったが、雨は上がっていた。いつもは埃が立ち込める道路も、さすがに雨の勢いで黒く湿っていた。タクシーが猛スピードで走り去るが、顔を背けなくてもよかった。埃がたたないのだ。農大市場に着くと、すぐに二階の衣料品売り場へと向かった。一階の食材売り場には寄らず、通り過ぎるだけだった。二階に上がっても日用品売り場には目もくれず、衣料品売り場へと進んだ。目的のワイシャツは、衣料品売り場の正面に掛けられて展示していた。まだ長袖のシャツのほうが主流のようで、半袖のワイシャツは少ない。それも展示しているのは天井近くに何故か二着だけであった。一着が、五〇元という値札が付いていていた。

「先生、買いますか」

楊斌君は、半そでのシャツと私の顔を見て言った。

「大きさが合えば、買ってもいい」

私は、あまり気乗りがしなかった。なにしろ二枚だけでは選びようがない。すると、楊斌君は奥に座っていた店主に、取り外して見せるように言った。店主は言われるまま、掛けてあった半袖シャツを取り外して、私の傍に置いた。寸法を合わせてみると、少し大きめだった。だが合わないことはなかった。柄もストライプがやさしく入っているだけで、私でも着られる。だが農大市場での一着五〇元は高いと思った。

「ちょっと高いですね」

私は楊斌君にそう伝えた。

「交渉してみますか」

「してみてください」

楊斌君がどれほど安く値切れるか、興味があったので値段を言わずに交渉してもらった。楊斌君は意外に低い値段から交渉に入っていた。

「一着二〇元ではどうでしょうか」

彼の切り出した値段に、店主は立ったまま表情も変えず「それは、無理だ」と言った。

「でも、他に種類がないのだから、まけてください。二〇元なら買います」

店主は何か言ったようだが、楊斌君も引き下がらない。

「二五元ならどうか」

店主が値段を言い始めた。すると、楊斌君は私のほうに向いて訊いてきた。

「二五元と言っています。先生はどうしますか」

半値になったので、買うことにしたが、どうせならもう一着も買うことにした。すると、楊斌君は再び交渉を始めた。結果は二着で四五元になった。意外に根気よく交渉していた。それは真剣な顔であり、彼の私に対する気持ちのように感じた。私は二着を四五元で買った。彼の交渉力の結果であった。

農大市場の帰りにスーパーに寄った。市場で買わなかった食材を買う。更に夕食の時間になったので、スーパーの近くにある「東南餃子屋」に二人で入った。一皿四元で、大きな餃子が一八個も盛られた皿が出てきた。二皿頼んでしまったので食べきれない。餃子の他にナスの炒め物も注文した。美味しかったがいずれも食べ切れるものではなかった。残った餃子もナスの炒め物もパック詰めにしてもらった。楊斌君はそれを手にして持ち帰った。大学に戻ると風もやみ、透き通った青空が広がっていた。

東北師範大学図書館へ行く

妻が帰国してすでに二十日が経っていた。生活も以前に戻り、学生たちには予定通りの週間テストなどを行った。といっても、学習意欲の薄い学生は、試験用紙が配られるといつものようにこそこそとテキストを持ち出しての回答である。ほとんどの学生が自分の実力を試すために週間テストに取り組んでいる。しかし、学習意欲の薄い彼等は習慣テストが復習の場になっている。もちろん、そのためにこそ週間テストはあるのだが。「五千年のカンニングの歴史」を止めることは難しい。

週間テストを終えた後、私は我孫子先生と待ち合わせして、東北師範大学の本校キャンパスへと出かけて行った。東北師範大学には「満洲」時代の日本語で書かれた文化と文学書などの蔵書がそれほど多くはないが存在した。一〇年近く前、日本社会文学会の研究者とともに中国東北部の各省にある図書館を回って、「満洲文学」の発掘調査していた。その時も、東北師範大学の図書館は、何度となく調査に入った。今回はその時の文学関係の蔵書を改めて調べて、コピーをお願いするつもりである。久しぶりの図書館利用であった。

大学の職員送迎バスを待って、我孫子先生と乗る。職員送迎バスは東北師範大学の本校キャンパスが終着点である。本校の校門をくぐると柳絮が小雪のように舞っていた。巨木の柳が街路樹のように並んでいる。そこから柳絮は優雅に舞っていた。私たちの足元には固まった柳絮がコロコロと綿ボックリの塊となって転がってゆく。なんとも心休まる風情であった。ところが、日差しはかなり強く降り注いでいた。本格的な夏の到来を知らせる季節を感じさせる。昨日までそんな気配も見せなかったのに、柳絮は街中でもいつの間にか雪のように降り始めていたのだ。東北師範大学の校門から直線的に進んだ先の建物が図書館である。広々とした一階のロビーからエレベーターに乗った。日本関係の図書は六階の部屋にある。受付に行くと、係員の女性は私たちに親しげな笑顔で話しかけてきた。どうやら我孫子先生とは知己のようである。我孫子先生も笑顔で挨拶していた。挨拶が終わると、私たちは直ぐに資料室へと女性の指示通りに入っていった。

資料室に入ると、我孫子先生は設置されているコンピューターの前に座って調べ始めた。私は書架を一冊ずつ見て回った。日本社会文学会の研究者たちとともに調査した時のことが思い出された。その時に調べた書架の後を、なぞるように見て歩いた。期待していた本は一時間の間で数冊ほど見つかった。それから更にコピーしてもらう本を探した。本の多くは日本の国会図書館にもある。しかし、ここでコピーした方が安く済むので、我孫子先生を通してお願いした。我孫子先生のほうも、コピーする資料が見つかったようで、かなりの量を受付の女性にお願いしていた。

図書館は一一時三〇分には一旦昼の休憩に入る。午後の開始時間は一時三〇分からである。その間、私たちは一階の喫茶室で食事を取り、雑談をしながら時間を過ごした。コーヒーを注文するとモカが六元であった。それほど不味い物ではなく、まあまあの味である。しかし、定食が四元なのでやはり高いかもしれない。雑談は共通の話題で、「満洲」移民の問題である。同時に侵略を「自衛のための国家の生命線」と考える日本軍隊の侵略性、その一方的で、自己中心的国家主義の問題をどう糺せば良いのか。この話になると同じことの繰り返しもあるが、お互いの情報が飛び交い、とても楽しくなる。しかし、これらの話の内実は表面的なことであり、語り合えば語り合うほどお互いの気が重くなる問題でもあった。なにしろいつも圧倒的な被害者は民衆であり、民衆の存在自体を権力者たちはなおざりにしているからである。

午後になると、「図書館長が出先から戻られた」と受付の女性が知らせに来てくれた。やはり我孫子先生の知人であるようだ。我孫子先生と一緒に館長室へと案内された。

「やあ、お久しぶりです。お元気ですか」

我孫子先生は館長室に入ると親し気に笑顔になって手を差し出した。館長も懐かしそうに机の前から立ち上がって手を差し伸べた。

「どうぞ、お座りください」

どうやら大学当時の同級生のようだ。我孫子先生は吉林大学を卒業していた。それで地元である長春市内の大学関係者や行政関係にも知人が多い。私も我孫子先生から紹介されたが、この図書館には呂元明先生の紹介で何度か資料調査に入ったことを伝えた。そして、今日は改めて「満洲国」時代の文化関係の書物を探しに来た旨を伝えた。館長は笑いながら言った。

「図書館の古い本は、曝書をするたびに少なくなっている。ご希望の本があるかどうか。むしろ呂元明先生のお部屋に出かけて行ったほうが、日本関係の資料は多いと思いますが」

「えっ、呂先生のところですか」

「はい、ここにあるのは呂先生が持っている中で、残ったものです」

それが中国であり、この図書館の現状だと言わぬばかりである。

そう言えば、日本人の誰かが言っていた。長いこと資料調査に東北各省の図書館をめぐり、いくつもの大学の図書館を巡ったが、いつも呂先生は我々がどれほどの熱意をもって調査しているのか、それを黙って見ているというのだ。それが今回の館長の言葉で理解できたような気持ちになった。各省の図書館を調べたりするなら、まず最初に呂元明先生の部屋の中の蔵書を調べたほうがどれほどの日本関係資料が積まれているかという。私は驚きと同時に納得した。それでも、館長との接見が終わると、再び図書室へと戻っていった。いずれにしても僅かな時間を利用して、引き続き書架を調べた。我孫子先生もパソコンから離れて書架を見始めた。一時間ほど見て、更に二冊ほど加えて、コピーを頼みに二階のコピー室へと向かった。受付の女性が見当たらなかったのだ。我孫子先生はコピーをする資料はないとのことだった。ところが、エレベーターは二階は止まらない。やむなく三階で降りて、階段を降りていった。コピーをする受付では、明日出来上がるというので、明日取りに来ることにして私たちは帰ることにした。

帰りのタクシーの中で、会話の授業についての話が話題に出た。

昨日の会話の時間に、学生たちは前回渡したプリントを持参してこなかったのだ。

「どうも、学生たちは一つ一つ注意しないと、自分から積極的に判断しない。これは日本の若者と同じ現象なのでしょうか」

私が切り出すと我孫子先生は笑いながら言った。

「無理ですね。中国とか日本とかの問題ではなく、最近の学生たちの多くが自分から何かを行うという積極性は見えません。もちろん中国の一人っ子政策の影響もあります。子供は、『小皇帝』と呼ばれるくらい、親たちにチャヤホヤされて育ってきていますからね。なんでも親がやってしまう結果、子供たちの自主性は無くなりました。やってもらって当たり前です」

「確かに、『小皇帝』なところがありますね。私が教室に入ると、何を勘違いしたのか『先生、まだプリントを貰っていません』と言ってくる始末です。会話の授業は毎週、私からプリントをもらって暗唱する時間だと思っている。『前回のプリントはまだ終わっていませんね』と言えば『忘れました』と返ってくるのです。それがいつものパターンですよ」

「期待してはいけませんよ。先生だけが夢中になって授業していると、学生のほうは白けてしまいますからね。やっぱり『小皇帝』の学生に会わせないとだめですね」

「学生たちも千差万別ですが、そうかもしれませんね」

積極性の乏しい学生たちにどう授業に向かわせるか、一年間の授業も終わりかけているのに、私たちは相変わらず迷いながら授業を進めていた。

そう言えば、「原子力エネルギー」についての会話文を作って行ったことがあった。日本の原子力エネルギーということではなく、中国の原子力発電所の現状について訊いた。学生たちは中国のどこに原子力発電所があるか、場所を上げて説明した。いずれも東シナ海に面したところに存在し、中には近海の島に作られているところもあった。そこで、当然のこととして訊いた。

「日本では原子力発電所が建設されるたびに住民の反対闘争が起こります。しかし、結果的には地域の経済状況が潤うということで、賛成派が勝ちます。もちろん、政府がエネルギー政策として原子力発電所を奨励しています。中国ではどうですか」

「中国でも政府が介入してきて、反対運動は起こりますが直ぐに沈静化してしまいます。原子力発電所は予定通り作られるのです」

一人の学生が説明した。ほかの学生たちはこの発言に異口同音、「しかたないです」と言った。それでも中国では総電力の数パーセント位ではないのだろうかと彼らは認識していた。多くは水力、火力によっているという。近年の代表的なのが「山峡ダム」というのだろうか。全長数百キロに及ぶダムと言われているが、「原子力エネルギー」についての授業には学生たちも食いつきが良かった。やはり学生たちにとって、関心のある話には会話も弾むということである。

四年生の卒業論文「七三一部隊とは何か」

六月に入ると四年生の卒業論文も、少しずつ終盤へと向かっていた。しかし、日本語で文章を整えることはかなり難しい。多くは自分で書いたものではなく、インターネットから引いたものを繋ぎ合わせたとしか思えない文章が多い。だから文章が切れ切れであり、時には何を言いたいのかもわからない。中には他人の文章をそのままコピーしてもってくる学生もいる。いわゆるコピペという卒業論文である。東北師範大学の教授が話していたことを思い出す。

「卒論を書き終えたというので、学生の論文を見せてもらった。すると明らかにコピペであった。しかも、全文盗作していた。それで、学生に尋ねたのです。『これは、本当にあなたが書いた論文ですか』と、すると学生は、『はい、私は苦労して書きました。よくできていると自分でも思います』そこで、再度、『本当にあなたが書いた論文ですか』と尋ねました。学生は自信たっぷりに、『はい、私が書いたものです』と言ったのです。そこで、私は言いました。『それは嘘です。これは私が書いてインターネットに載せた論文ですから間違いありません』すると、学生は顔を赤くして、『えっ！』と言って驚いていました。担当教授の名前さえ分からない学生がいるのです」

河本先生に言わせれば、「三分の一はコピペで持ってくる学生がいるので、注意してください」とのことであった。初めて卒業論文を担当することになり、コピペが多いということも教えられた。学生にとっては、それが悪いことだとは認識していないのだろう。もし悪いことだと認識していれば、これほど教師を馬鹿にした話はない。

二時限の授業を終えて部屋に戻ると、程なくして四年生の李楠《りなん》さんがやって来た。私は彼女の卒業論文担当である。彼女の卒業論文は、日中戦争時代、「満洲国」において関東軍の中の石井機関が開発した細菌戦争の実態であった。他の学生たちは歴史には関心もなく意外に身近な問題について書いていた。彼女だけは特異な卒論であり、私も日本人として身構える思いがあった。それは現代の中国人の若者にとって、かつての日本の侵略非道な行為をどのように受け止め、またどのような影響を与えているのかということであった。

李楠さんを窓際のテーブルの前に座らせると、早速論文の点検に入った。前回は引用文について、その出典を書いていなかった。それで、出典について記入するようにと注意した。同時に関係調査を幾つか行っていたが、統計数字に関する調査はまだだった。それらについても調べるようにと促しておいた。今回はその点に留意して、文章の添削を行ったり、整えたりしながら指導を進めた。彼女が「満洲国」における石井機関の細菌戦争を企画し、その研究に人体実験を繰り返した七三一部隊に興味を抱いたのは、映画「黒太陽731」を観てからであったという。その衝撃的な非人道的場面を観ることで、彼女の心は動かされ、「七三一部隊とは何か」その真相を知りたいと思ったと言う。それで幾つかインターネットから資料を調べ、関心を更に深めて行ったとのことであった。

「卒論に新しく写真を一〇枚近く取り込んみたいのです」

しばらく添削していると、李楠さんは突然切り出してきた。どこで切り取って来たのか、一〇枚すべてが七三一部隊の残した細菌に、戦後侵された人たちの写真である。苦痛に満ちた人々の生々しい表情がそこに映し出されていた。それなのに彼女は綺麗な笑顔を見せて私を見つめた。卒論とはいえアンバランスを感じさせる。

「これは、被害者に会ったか、家族に会ったかしたのですか」

「いいえ、会ったことはありません。雑誌から切り取ったのです」

「それを卒論に張り付けるのですか」

「はい」

臆することもなく彼女は言う。

「写真を撮った人とか、所有者に許可を取ったほうがいいですよ」

「中国ではそんなことはしません。あるものを使うだけです。そのほうが論文が分かりやすいです」

なんとも中国人らしい考えだと思って唖然とした。

「一箇所だけどうしても引用の出典先がつかめませんでした」

李楠さんは写真の件は決着がついたと思ったのだろう、新しい問題を言い放った。

「出典さきがつかめない以上、削除するしか方法はありません」

私は強く彼女に言った。引用した文章の出典が分からないはずはない。それが分からないというのはインターネットを利用して孫引きしたとしか考えられない。

「でも、そうなると文章が短くなります」

卒論には既定の字数が必要である。彼女はそのほうの不安を述べた。

最初の出典探しの時も彼女は私の顔を不思議そうに見ていた。今回もまた意外だったのだろうか、私を見続けていた。彼女の不安よりもこちらのほうが不安になる。「ここは中国です」と語る我孫子先生や河本先生の顔が浮かんできた。

それにしても、李楠さんに対する最初の印象は興味を引き付けた。四年生全員の卒業論文テーマを見たとき、彼女だけがポツリと浮き上がった印象である。学生の誰もが歴史に関心はなく、ましてや「七三一部隊とは何か」とは。勿論ここは中国である。歴史を振り返れば当然このようなテーマでの卒業論文は有って当たり前と一方で思った。しかし、私の周りにいる学生たちを見ていると、そんなことさえ忘れている。「小皇帝」で育てられてきた彼らにとって、身の回りの好きなことだけに興味は奪われ、後はどこへ就職するかだけに関心が向かっている。「七三一部隊とは何か」の存在は、中国にとって消えることのない負の歴史であることに変わりがないが、遠い過去のことのように思われた。そこに李楠さんは敢えて臨もうというのである。私が驚いたのも無理はない。例えば日本に留学している中国の学生が「七三一部隊」について卒業論文を書きますと言ったらどうだろう。中国人なのだからと思って極当たり前のこととして受け止めただろうか。

私は彼女の熱意に報いるつもりで、いくつかの日本側の書籍を「参考に」と言って渡した。例えば森村誠一『悪魔の飽食』であり『七三一部隊の犯罪』韓暁・山辺悠喜子訳等々であった。それはたまたま私が持参した書籍の中に入っていたからだ。

さて、李楠さんの卒業論文は結果的には「七三一部隊とは何か」のレポートに過ぎなかった。それでも、自分が感じた疑問に対して、インターネットを活用したりして真剣に調べた。私は評価表が渡されたとき、李楠さんの熱意を含めて「優」の文字を入れて評価した。すると、後日我孫子先生から疑問の言葉をいただいた。

「これは、卒論ではなくただのレポートではないですか」

「確かに、レポートに過ぎないかもしれません」

そう応えてから、私の意見を伝えた。

「中国でも忘れかけている歴史の負の遺産を、改めて考える彼女の姿勢に他の学生達との違いを見ました。そして、そこへ切り込んでいったことを高く評価したのです」

「そう捉えれば、意味はありますが。しかし、レポートの類からは逃れられませんが」

もちろん、我孫子先生にしても多くの学生がコピペで済まそうとしていることや、簡単なアンケート調査でお茶を濁した卒論を見てきていた。

「どうでもいいような、と言っては言い過ぎかもしれないですが、簡単な統計だけで論文を書いてしまう学生達が多い中での日中問題の提起でもありますから」

そう伝えてこの件は了解を得た。

その他の学生達には「良」を与えて、バランスを取ったりした。

牡丹公園から新民大街へ行く

朝、李海龍《りかいりゅう》君とジョギングに出かけるためにロビーに降りて行った。階段を下りると我孫子先生の奥さんが、首にタオルを巻いて散歩に出るところだった。

「お早うございます」と声をかけると、彼女は振り返った。

「お早うございます。ジョギングですか」

「李海龍君と、グランドを走る約束をしました。我孫子先生はご一緒ではないのですか」

我孫子先生の姿が見えないので訊いてみた。

「主人は昨日のピクニックで疲れたようで、散歩はしないと言ってます。今朝は私一人です。李君はまだ見えませんね」

「そのうち来ると思います。どうぞお先に行ってください」

そう言って、奥さんを見送った。奥さんは元気に校門の外へと出て行った。私たちのジョギングは東北師範大学のグランドである。暫くは李君を待っていたが、姿が見えないので私はジョギングしながら校門の外へと出た。校門を出ると、坂の途中で奥さんの歩いている後姿を見かけた。私は歩道をゆっくりと走って奥さんに追いついた。

「李君は、来ないのですか」

奥さんは、私が一人で走っているのを見て訊いてきた。

「どうも、そうらしいです。でも、彼は走るのが早いので来ればすぐに追いつきます」

そう言いながら、奥さんを置いて先へと走った。ほどなくすると東北師範大学の西門からグランドに入っていった。グランドは四〇〇メートルトラックである。メインスタンドもあり本格的な陸上競技場である。早朝なので学外からも人が集まって、グランドでの散歩を楽しんでいた。ジョギングをしている学生の姿もあった。私はグランドに入ると、普段の日はグランドを五周と決めていた。今日は休日なので、二周加えて走ることにした。やがて我孫子先生の奥さんもグランドに現れた。彼女は軽く運動してから走り始めるようだ。奥さんの周りには、いつの間にか学生たちが集まってきていた。彼女たちは手足を伸ばして体の筋肉をほぐす運動を始めていた。私はゆっくりとグランドを走り続けた。自分としてはそれでもかなり早く走っている気持ちではあった。ところが、後ろから走って来た年配者にいとも簡単に抜かれてしまった。私は年配者の後姿をただ眺め続けていた。それでも汗を流して七周を走り終えた。とうとう李海龍君は姿を現さなかった。

我孫子先生の奥さんは学生たちとグランドを二周ほど軽く走って終わりにしていた。

グランドからの帰りはもう走るのをやめた。

部屋に戻ると楊斌君に電話をかけた。昨日、彼に牡丹《ムーダン》公園行きの話をした。すると、「私も連れて行ってください」と言った。一人も二人も同じなので、彼に候蕾さんも誘うように伝えた。彼女ならどこへも行かず部屋にいるだろうと思った。それに満州族である彼女の反応も興味があった。いずれにしても二人には二時に部屋に来てもらうことにした。その間、軽く昼食を取り、三〇分ほど昼寝をすることにした。

軽い昼寝から覚めると、書架から「満洲国」時代の写真集を取り出して眺めた。当時の絵葉書を集めた写真集である。樹林に囲まれた牡丹公園には人の姿はなかった。もっともこの写真集は絵葉書になったものなので、ほとんど人の姿が映されていない。新京（現在長春市）の都市計画で生まれた官庁の建物や街の風景をはじめとして、各都市の公共施設や観光名所などが絵葉書として収められている。中には女優李香蘭（日本名山口淑子）のブロマイドなども載っていた。

ドアをノックする音がしてドアを開けると候蕾さんが立っていた。候蕾さんは私を見ると、楊斌君はロビーで待っていますと言った。私は時計を見たが、直ぐに支度をして彼女とロビーへ降りて行った。

「やぁ、先生！」

楊斌君は私たちを見ると、手を挙げて笑みを浮かべた。彼は事務所の孫さんとカウンターを挟んで立ち話をしていたのだ。

「さあ、行きましょう」

私は楊斌君に声をかけ、孫さんにも、「行ってきます」と挨拶した。孫さんはいつもの笑顔で、「行ってらっしゃい」と言って手を振っていた。

公寓を出ると、小雨が降っていた。傘を持たなかったので小走りに西門の外へと出た。西門の前では楊斌君がタクシーをすぐに拾った。人民大街の牡丹公園へまで二五元の料金で交渉が成立した。

「先生、前に乗ってください」

楊斌君は私を運転席の横に座らせた。中国では、目上の人は運転手の横に座ることになっていた。もちろん支払いも目上の人が行うのだ。私たちを乗せたタクシーは、大学の前のデコボコ道をうまく避けながら、しかも溢れるような埃を立てて人民大街へと走って行った。牡丹公園は「満洲国」時代も同じ名前で呼ばれていた公園である。そこにはかつて日本の神武殿が建てられていた。今は吉林大学の施設の一つになっているが、建物の内部だけ抉りぬかれて、広々とした講堂として利用できるように改造されている。ただ建物の外観は当時のままで少しも変わっていない。すでに七〇年に渡る年月を経た建物で、屋根瓦の上には雑草が生い茂っていた。

牡丹公園に着くと、出がけに降り始めていた雨はやんでいた。公園内には清清しい空気が漂っていた。残念なことに牡丹は咲き終わり、僅かに芍薬の赤紫の花が取り残されたように咲いていた。それでも近くの住民たちが、散歩を楽しんで公園内の芍薬の花壇を見巡っていた。家族連れや若いカップルもいて、思いのほか賑やかである。かつても市民によって賑わっていたことがしのばれる。

「もう少し早く来ればよかった。そうすれば牡丹が満開だった」

私は楊斌君たちに言った。周囲に咲いている牡丹は、いずれも咲き枯れた姿をさらしている。一週間早く来れば、満開に咲き誇った華やかな牡丹が見られたはず、口惜しい気持ちを抱きながら、僅かに咲き残っている赤紫の芍薬を私たちは眺めながら歩いた。

「侯蕾さんは牡丹のような感じがしますね」

授業中に彼女の笑顔を見たとき、そう彼女に言ったことがある。丸い顔の中に、清潔な明るい笑顔が見事に咲いた牡丹に見えたのだ。

「私は牡丹が大好きです」

嬉しそうに私の言葉にそう応えていた。その時以来、牡丹公園に牡丹の花が咲いたら彼女にも見せてやりたいと思っていたのだ。しかし、今は牡丹がどこにも咲いていない。芍薬さえ危うく枯れかかっていた。

「芍薬もきれいですね」

侯蕾さんは私が話した牡丹のことを思い起こしたかのように言った。すると、楊斌君も口真似をして「芍薬はきれいです」と言った。

私たちは花壇を巡りながら、池の淵に咲く芍薬の花をバックに写真を撮った。その先には巨大な柳の木が等間隔で数本並んでいた。わずかな風にも細く長く垂れた無数の枝葉が揺れている。「柳絮《りゅうじょ》はもう終わったのだろう」と私はとっさに思った。柳の実がはじけて、綿毛を持った種が飛び散るのだ。それは雪が舞うように降り続ける。先日、東北師範大学の本校を訪れた時、風にあおられた柳絮が粉雪のように舞い散り、道に敷きつめられていたのを思い出した。

公園の一角では結婚式を挙げたばかりのカップルが、野外写真撮影を行っていた。岩の上に足を載せて、新婦を抱いた新郎の顔は得意げである。公園内の柳などの木々の間では、新婚さんたちの写真撮影が幾組も行われていた。一〇数年前にソウルのある宮殿で見た風景と似ていた。あの時も至るところで新婚さんたちの撮影が行われていた。韓国では野外での新婚撮影が一つのブームになっていたようだ。ずいぶん昔のことだが、長春では今、同じようなブームが起こっているのかもしれない。

牡丹公園に来るまでの間にも、赤い風船を取り付けて走っていく黒塗りの車を幾台も見た。それは皆結婚式を挙げて「市内を練り歩いている」車である。

私たちは「旧神武殿」の方へと歩いて行った。先般一人で訪ねた時、「旧神武殿」では生活のための講演会が行われていた。堅い扉が開かれて、中に続々と人々が入って行った。今日は誰も近寄る人が居ない。崩れかけた瓦の屋根には相変わらず雑草が生い茂っている。コンクリートで作られた白壁も薄くくすみ、扉が堅く閉ざされていた。建物の前を通る人の姿がないので余計に廃屋のような感じを抱かせた。日本建築の姿を留めている鬼瓦や軒壁の上部に飾られた張り板などを指して、二人に簡単な「満洲国」時代の説明をする。だが、日本建築についての私の知識は不足していた。

「旧神武殿」の裏手の道に出ると文化公園に続く柳条路に出た。それほど広くない柳条路を歩いていると、五階建ての古いマンションの中庭に芍薬の花が咲いているのが見えた。

「あそこに、ほら、赤い芍薬が咲いている。ちょっと覗いてみましょう」

古いマンションの花に誘われて中庭へと入って行った。すると、中庭では芍薬の花や野菜に水を上げている老婦人がいた。私たちの姿を見かけると老夫人は野菜に水をやりながら話しかけてきた。

「この辺りの花は私が一人で咲かせているんだよ」

楊斌君が通訳をして私に知らせた。

「きれいに咲いていますね。素晴らしいです。芍薬がきれいです」

私は老婦人にそう言った。

するとと彼女は「ほら、あちらの花壇も見なさい」と指さした。芍薬を咲かせていた花壇の奥に、さらに一段高くなって別の花壇が作られていた。そこには百合の薄群青色した茎が伸び、葉を茂らせ始めていた。まだ咲いてはいないが、咲き始めたらきっと良い香りがあたりに漂う白百合が咲くだろうと思った。その百合の脇にも芍薬が咲いていた。

花壇は古いマンションの日陰にあるので、牡丹公園のより遅咲きである。芍薬の咲く花壇を一回りしてもとの場所に戻っていった。私が日本人であることが分かったのか、老婦人は前方にいる老人を指して言った。

「ほら、あそこにいるお爺さんは日本語が話せるのだよ。昔は日本に行ったこともあるって言っていた。九五歳になるんだよ」

老婦人に言われた方を見ると、男の人たちが三人ほど花壇を見ながら立ち話をしていた。私は教えられるままに彼らのほうへと近づいた。私の知らない古い時代のことを少しでも話してもらえるかもしれないと期待しながら。

「こんにちは」

私は頭を下げながら彼らに声をかけた。すると小柄だが体のがっちりした老人が「こんにちは」と私のほうを見て日本語で応えた。穏やかな顔をした丸顔の老人である。その声にはまだ張りがあり、九五歳とは思えない元気さである。

「失礼ですが、日本語が出来るとあちらの婦人から聞いたのですが」

まだ私たちを見つめていた老婦人の方を指しながら言った。

「もう、日本語は忘れましたよ」

笑顔を見せながら小柄な老人はそう言い、「僕は日本へも行ったことがあります」と親しげに話し始めた。老人は吉林大学で長いこと辞書を作っていたという。しかし、今は何もしていない。日本語を話すのも四〇年振りであるとも。「どうぞ家へ上がってください」と、話の途中で何度となく私を誘ってくれた。傍にいる二人の背の高い男達は老人の子供のようだ。黙って老人と私のやり取りを眺めていた。老人の話は取りとめがなかったが、それでも次第に過去が蘇ってくるようである。

「僕は若いときに東京へ行きました。三年ほど住んでいましたよ」

「東京のどの辺りに住んでいたのですか」

「神田区ですよ。賑やかなところでした」

神田区と言えば当時は東京市、老人の話から類推して昭和一〇年前後であろう。

「何をしていましたか」

興味深いので訊いてみた。だが、応えは返ってこなかった。それで深くは訊かなかった。また何度も「家に上がりなさい」と言われたが、学生たちがいたので遠慮した。大学に戻ってからこの話を我孫子先生に話した。すると、「それは陳先生という有名な方かもしれません」と言っていた。しかし、陳先生についてはあまり知らないようだった。

私たちは老人と別れて文化公園《ウエンホワ》へと向かった。文化公園は幾度も来たことがある。二人の学生にとっては初めてとの事だった。楊斌君は山東省の人であり、侯蕾さんは唐山《タンシャン》市の出身である。学生たちはこの近くの桂林路や重慶路へ仲間たちと買い物に良く来る。でも、文化公園までは来ることはないようだ。公園内では相変わらず凧が揚がっていた。日差しは強く、眩しい。あまりの暑さで侯蕾さんは水を買いに走った。ペッドボトルの冷たい水を飲みながら公園内を歩いた。

「満洲国」時代の建物が広々とした文化公園の南に見え隠れしていた。

「あれが旧『国務院』でこちらが『治安部』。今は吉林大学基礎医学院」

私は二人に説明する。彼らはものめずらしげに見ているばかりである。公園内には石の彫像が建てられていた。老人の胸像部である。更に新民大街に向かって髪を風になびかせた若い婦人像が建っていた。まだ工事は終わっていないようである。その若い婦人像の前に侯蕾さんを立てて写真を撮る。さわやかな感じがとてもいい。

私たちは吉林大学基礎医学院「旧国務院」を目指して歩き始めた。解放路は車の通りが激しい。信号機はあるものの、横断歩道を歩く時間がとても短い。その上サイドから進入してくる車が優先のようで、気をつけていないと轢かれてしまいそうである。ともかくここでは全て車優先の交通ルールである。日本のように「青」だからといってゆっくりと横断歩道を渡っていられない。もっとも誰もが素早く横断していた。

満洲国務院（現、吉林大学基礎医学院）

吉林大学基礎医学院（「旧国務院」）の正門のところに銘板がはめ込まれていた。建物の由来が「偽満洲時代」と記されている。二人はそれを読んでから門の中に入っていった。

建物の入り口のところに我孫子先生と一緒に来た時、建物内を案内してくれた女性が立っていた。我孫子先生の大学時代の同級生だ。私は近づいて、先日のお礼と挨拶をした。ところが、彼女はいぶかし気に私を見ていた。少しばかり日本語を話せたはずなのだが、どうもよく思い出してくれないようだ。そこで楊斌君に通訳を頼んだ。

「先日、我孫子先生と一緒に来ましてお世話になりました」

楊斌君が通訳して彼女に伝えた。だがそれでも思い出せないようだ。むしろ不思議な顔を隠さない。「あっ、そうだ」と気づいたのは、彼女は我孫子先生の同級生とはいえ、彼女の知っているのは孫啓森という中国人で、我孫子啓森という日本人ではなかった。楊斌君に、我孫子先生の中国名が孫啓森であることを伝えた。楊斌君は改めて彼女にそのことを伝えた。すると彼女の記憶も蘇って、笑顔になって手を差し伸べて握手した。私も彼女の手を握り笑顔を取り戻して、先般の礼を言った。

「どうぞ、中に入ってください」

彼女は、先になって建物の中に入った。私たちは彼女の後に従って建物の中に入っていった。建物内部は名産品や書画の販売部になっている。「満洲国」関係の書や写真集もある。楊斌君と侯蕾さんは、物珍し気に書画や名産品、古い時代の写真集などを眺めていた。ここは、日本から来る観光客などには人気の場所のようだ。掛け軸なども飾られていた。いずれも値段は少し高い。学生たちに手の出るようなものは少なかった。もっとも絵葉書などは安く買えたが。私は「満洲国」時代の新京（長春市）の地図を手に入れていたので、土産物などは見るだけにした。一通り、販売部の売り場を見て終わる。

「それでは、内部を案内します」

部屋の奥のカーテンを開けて、通路から更に奥へと私たちを案内した。通路に出ると途端に建物の内部が時代の流れを押し留めた。「満洲国」時代の「旧国務院」そのものの内部の姿がそこに現れた。販売部も「旧国務院」の建物の一部であったが、売り場として作り変えられていた。彼女は先般も案内してくれたエレベーターに私たちを連れて行った。エレベーターに学生たちを乗せると流暢な説明が始まった。

「このエレベーターは一九三四年、カナダのオットーという会社の製品です。ここの銘板を見てください」

そう言いながらハンドルを回した。扉が閉まり、二階へと上がって行きそうだったが、上がることはなかった。私たちはエレベーターから降りた。近くに大理石のような艶やかな石の階段があった。手すりは巨大な石組みになっていた。

「イタリアからわざわざ取り寄せた珍しい石です。トラバーチンと言います」

すかさず石の名前を教えてくれた。大理石に似ていたが、古代ローマのコロッセオもトラバーチンで出来ていると知らされると、さすがに「旧国務院」である。日本の国会議事堂と同じように赤いじゅうたんが敷き詰められていたのだろう。「満洲国」時代の要人たちの階段を登って行く姿が浮かび上がってきた。なんとも不可思議な光景だ。

「先生はすでに内部をご存知なのですから、どうぞ先にお進みください」

電灯の乏しい通路の前で彼女は言った。そう言い終わると販売部の方へと戻っていった。私たちは薄暗い通路の奥へと進んだ。頭上には「解剖研究室」の看板が架けられていた。ふと、我に返ったような気分になった。ここは吉林大学基礎医学院である。ホルマリンの鼻を突くような特異な匂いが周辺に漂い充満していた。私たちは探検家のように用心深く、ホルマリンの匂いが次第に強くなる奥へと進んだ。各部屋は各研究室になっていた。しかも入り口の扉はほとんど閉ざされていた。中には扉が開いていて実験道具のような物が机の上に置かれている部屋もあった。だが研究者たちの姿は見受けられなかった。通路の突き当たりには、たくさんのホルマリン漬け人体の各部分の標本が展示されていた。人の頭もあれば手もあり足もある。その頭部も細部に削られた物から、スライスされた物、中には真二つに割られた物まで丸い瓶に詰められホルマリン漬けにされていた。それは胴体も同じであるし、手足なども同様であった。手首から切り落とされたホルマリン漬けを見ていると、七三一部隊が行った凍傷実験後の切断ではないかと私に想像させた。楊斌君も侯蕾さんも驚いているのか一言も発しない。むしろ歩く速度も極端に遅くなっていた。見たくもないものを見せられていると言った状態である。しかし、私にしてみれば、これが自分と同じ様に人生を生き抜いてきた人たちであり、そんな人々がここに陳列されているのかと思うとやりきれない思いがした。生きていることの空しささえ感じるほどであった。実はこの標本を見るのは三度目である。それでもそんなことを感じてしまうのだ。

楊斌君や侯蕾さんたちの重くなった口からは、ただ「すごい、すごい」と言う言葉が連発されるだけだった。標本の中には赤ん坊の詰まった瓶もあり、通路の左側奥へと幾体も陳列されていた。私たちは取りつかれたかのように一つ一つ丁寧に見続けた。やがてホルマリンより更に酷い、生臭い異臭が鼻を突いた。それは異様な悪臭ともいえる臭いであった。その臭いは一つの部屋から流れ出ていた。部屋の扉は異臭の勢を室内に籠らせないようにとしているのか、全開されていた。私は興味深く中を覗いた。紛れも無い死体解剖の最中だった。死体の頭は扉付近にあって、足は奥に向いていた。執刀しているのは指導教官であろう。数人の学生らしき若者たちが白衣を身に纏って教授の手先を見つめていた。私が覗いているのにも気づかないようだ。私は初めて死体解剖を見たことになる。メスの位置は見えないものの、死体の全体像と切り開かれている胸の部分などは良く見えた。楊斌君たちを手招きで呼んで、中を覗かせた。彼らは不思議そうに眺めたが、死体解剖と分かるとすぐにその場を立ち去った。死体は白衣を着た若者たちの背後に二体、横に並んでいた。やがてそれらも解剖されるのであろうか。

私は彼らが出て行ったのを確認すると静かにその場を離れた。そして彼らの後を追いながら、四年生の李楠さんの「七三一部隊」についての卒論指導を思い出していた。

今回の死体解剖は、一九三三年以降に始まる関東軍の石井機関細胞研究所作りの延長のように思えてきた。一九三六年「関東軍防疫給水部」、一九四一年ごろから「満洲七三一部隊」として、以後多くの人体実験を繰り返した歴史上の出来事である。言ってみれば歴史的犯罪史の人体実験と今回の死体解剖とを単純に重ね合わせることはできないが、私を近づけさせて覗かせたのは単なる偶然ではないだろうと思ったりした。その一方で死体解剖が医学上の欠くことのできない「進歩の絶対条件」であるとしても、私という存在の終末と重ね合わせて考えてみると、なんとも名状しがたいものを感じた。どうしても、解剖台の人体が私自身にも見えてくるからだった。

販売部に戻って、彼女に挨拶して外に出た。外に出ると、楊斌君は体を前のめりにして、「おえっ、おえっ」と頻りと嘔吐を繰り返していた。

「先生はあんな所を見て気持ち悪くは無いのですか」

楊斌君は私に向かって少し顔色を変えて問いかけてきた。

「気持ち悪い事は無いが、複雑な気分にさせられる」

私がそう答えると、今まで黙っていた侯蕾さんはまじめな顔して言った。

「やっぱり気分は悪いですよ」

「死体が切り開かれたり、刻まれたり、スライス状態にされたりすることが、もし自分であったなら」

そう私は言って、彼等に問いかけたが、彼等は「気分が悪い」と言うばかりだった。それでも死体解剖の話をしながら桂林路へと歩いて行った。

時計を見ると夕食の時刻には少し早かったが、散歩しながら行けばお腹も空くだろう。夕食は桂林路《グィリン》で取ろうと彼らに言った。ところが、途中でケーキ店が目に入った。

「侯蕾さんは甘い物が好きですね」

ケーキ店の前まで来て、ショーウィンドウを見ながら訊いた。

「はい、好きです」

彼女は素直に応えた。

私が先頭になってケーキ店の中に入って行った。

「先生、私は気分が悪くて、いらないです」

楊斌君は出入り口に立ち止まって言った。それでも店内に入るように勧めると、やがて出されたショートケーキを美味しそうに食べていた。

翌日、授業に出ると、楊斌君は目を赤くしていた。死体解剖の姿が頭を離れず、いつまでも眠れないでいたという。侯蕾さんの方はどうだったのか聞かなかった。

お別れ餃子パーティーが行われた

六月も半ばを過ぎると雷を伴う驟雨が毎日のように襲ってきた。驟雨だけでも一日何度もやってくる始末だ。天気が不順だというより、日本海から上がってくる梅雨前線が、長春市辺りまで来ると風に流されればらばらに分離されてしまう。それで、雲の層も広がりを失い、分散しながら驟雨をもたらしていた。

今日は午前中一杯、授業を続け、午後にはクラスのお別れパーティーが行われる。まだ、期末テストは半月ほど先である。しかし、早めに試験勉強に入らなければならない。それで、早めのお別れパーティーを企画し今日の午後であった。

一時限目の授業の後は一旦休憩に入った。二〇分ほども休めない休憩だ。研究室へ一時的に戻り、白湯などを飲んで気分転換を図った。再び教室へ戻ろうと廊下を歩いていると、四年生の趙《ちょう》冶《や》さんに出会った。彼女も教室へ戻るところなのだろう。

「趙治さん、ちょっと待って。渡すものがあります」

彼女を呼び留めると集安旅行の時の写真をカバンの中から取り出して渡した。

「遅くなって申し訳ないのですが」

一月以上も渡し忘れていたので、何となく気まずく思いながら続けた。

「ありがとうございます」

彼女は懐かしそうに写真を見ながら言った。

「先生、実はお祖父さんが先生に電話をしたいと言ってるんです。旅行に来てくださったことで喜んでいましたから。でも先生は中国語ができないのでと伝えたのですが、電話に出ていただけるでしょうか」

「お祖父さんと話すには、やはり中国語ですよね。簡単な言葉ならわかりますが、それ以外は理解できないかもしれません。それより、私のほうから先般のお礼を伝えておいて欲しいです。とても感謝していますと」

お祖父さんの親切な心遣いはありがたいと思った。しかし、趙治さんの危惧も当たっていた。電話で話されても意味が通じなかったら失礼になる。

「繰り返しになるが、私からのお礼を言ってください」

私は先を急ぐようにして伝言を頼んだ。

「分かりました。そのように祖父には伝えておきます。写真をありがとうございます」

彼女は軽く頭を下げると、彼女の教室へと向かった。

二時限目の授業が終わり、教壇でテキストをカバンに仕舞い込んでいるところに、桂花さんが慌ただしくやって来た。

「先生、午後からのパーティーですが一時半にいらっしゃってください」

彼女はいつも敬語を使う。学生たちの誰もが使わないときでも必ず敬語を使うのだ。午後からのお別れパーティーは、みんなで餃子を作って食べるという。餃子は東北ではお祭りの時に必ず食べるものである。お正月は勿論である。それを全員で作って食べるというのだ。クラスの全員が気持ちを一つにして何かを行うのはこんな時である。

私は期待しながら、「もうお別れパーティーをするときが来たのか」と一年間の速さを感じた。共学部長からも「来年度も引き続き教えてください」と言われていたので、その意味ではホッとしていた。しかし、一年間慣れ親しんだ学生達との「お別れ」と思うと、胸が熱くなり寂しさが募ってくるのだった。

研究室に戻ると、我孫子先生がため息をつきながら席についていた。

「どうされましたか」

いつものように問いかけた。

「日本に行った留学生が、まだ、一ヶ月しか経っていないのに、もう寮の帰宅時間を破っているのです。その知らせを今朝受けたのです。何を考えているのだろうか、私にはわかりません」

「アルバイトを始めたのですか」

「いや、よくわかりません。アルバイトは一年間禁止されているのです」

「それでは、心配ですね」

私には理由など見当もつかない。とりあえず我孫子先生に同情して言った。

「留学が決まって、ウキウキしていた気持ちは分かるのです。しかし、出国する時空港まで見送りに行ったのですが、荷物の多さに驚いたものです。誰でも発展途上国から先進国への留学は気分を高揚させます。それがまた問題の一つになりかねないのです。日本で先端技術の製品を買いたいと話しているくらいですからね。そりゃ日本に染まることは止むを得ないとしても、染まり方が有ると思うのです。特に女の子は・・」

そう言うと、その先の言葉を濁してしまった。単に帰宅時間を破っただけでの連絡ではなかったのかもしれないと私は思った。後で分かったことだが、留学生は寮を出たまま帰らなくなってしまったとのこと。警察へも届けたそうだが、何か事件にでも巻き込まれていなければよいがと我孫子先生は頭を悩ませていた。


約束通り一時半に教室へ行くと、すでに餃子作りの作業が始まっていた。桂花さんや楊斌君、日本文化祭では主役をやった王琦《おうき》さんがうどん粉の生地をこねていた。王琦さんはあまり目立たない学生であった。それに決して成績もよいほうではなかった。いつもにこにこしているが、私に積極的に声をかけたことは一度もない。むしろ私から声をかけると、隣の人に助けを求めようとして横を向いてしまう。その彼女が日本文化祭で主役を演じると聞いた時には驚いた。クラスのみんなが意地悪したのではないかと思ったくらいだ。ところが、練習に入ると、彼女は真剣な表情に変わりセリフの日本語を覚え始めた。無理だろうと懸念していた私の不安を打ち消した。彼女は堂々とした演技と流ちょうな日本語を使って、日本文化祭を迎えたのだ。結果は主役としての努力がはっきりと表れた日本文化祭となった。それがきっかけだったのだろう。授業においても積極的に手を上げ始め、私に話しかけたりするようになった。自信を持つことができたのだ。

二組に分かれたグループが机の上にビニールを敷いて、餃子の皮を作る人、その皮の中に具をつめる人と分かれていた。私が教室に入っても、振り返ることもなくみんなが一生懸命に餃子を作っていた。教室の片隅に設置されたテレビからは大きな音が流れ、ドラマが映し出されていた。その前に一人だけ張会超《ちょうかいちょう》さんがぽつんと座っていた。みんなから取り残されたようだが、彼女の好きな番組と言う。誰も彼女を束縛しない。私も学生たちと一緒に餃子を作り始めると、紫に髪を染めた趙樹梅《ちょうじゅばい》さんが隣りにきて話しかけてきた。

「日本の餃子はどう作るのですか」

たわいない質問だったので、私は「こうするのだ」と言って作って見せた。もっとも私の作るのはすべて自己流である。すると彼女は笑ってしまった。

「先生、底が丸くないじゃないですか。変なつくり方です。それでは蒸した時に中身が出てしまいます」

「そうかな、そんなことはないと思うが」

自分の家で作った時のことを思い出して言った。

「このようにして、そこを丸くしながら・・」

趙樹梅さんは作り方を指導しながら作って見せた。

見た目も確かに樹梅さんの方が上手にできていた。

「日本では焼き餃子なので作り方が違うのかもしれない」

私の声を聞いていた秦冠男《しんかんなん》さんが、隣の持ち場から顔を出した。

「日本の餃子のつくり方を教えてください」

「どうも私の作り方は、焼き餃子風です」

私はそう言って、取り繕いながら秦冠男さんに教えた。

「日本はいつ餃子を食べますか」

彼女は興味深く訊いてきた。

「日本では特別に決まった日などはありません。ただ、若い人はラーメンを食べるときに一緒に食べたりするけど、それは昼間かな。いや夕食もある。ニンニクが入っているから夕食に食べることが多いのかな。でも、考えてみれば日本人は餃子が好きですね。いつでも食べるといったほうがいいのかもしれない」

「先生は餃子が好きですか」

「好きですよ。毎日は食べないけど、こちらでは『東方餃子』店の餃子が好きです。曲芸まがいのお茶の入れ方も素晴らしい。それに様々な種類の餃子に、皮にピンクや薄い緑の色のついた餃子も。哈爾濱餃子店の焼き餃子も好きですね」

「いろんなお店で食べるんですね」

「中国の餃子は、どこも美味しいからね。量も多いし」

「日本の企業の面接はどうすればよいですか」

突然話題を変えて、張樹梅さんが訊いてきた。先日、会話の授業で教えたばかりの話題である。それをもう忘れているのだろうか。彼女は自分の関心のない話は、どんな人の話でも聞かないタイプだ。授業の時は聴いていなかったのかもしれない。

「まず、服装や身だしなみから日本式に変えないとなかなかいい印象を受けてもらえない。それから礼儀作法ですね。もちろん日本語も上手にできることが大切です」

樹梅さんはクラス一番の奇抜なファッションをする学生である。髪の毛を緑に染めたり、紫に染めたりもする。服装も他の学生達とは全く違っていた。日本の企業にはもっとも向かないファッションが彼女のポリシーのようだ。ファッション関係の仕事ならば彼女が適しているかもしれないが。

「はい、分かりました」

それほどの関心を示すことなくそう応えていた。内心では、会話の相手を取られたことでの質問であったのかもしれない。その一方で、私の話をどれだけ理解したかは疑問である。

「樹梅さんは、どんな企業に努めたいと思っているのですか」

「就職はまだ先のことだけど、給料の高いところがいいと思います」

「給料の高いところは、日本語をしっかりと話せる学生が合格します。樹梅さんも会話が上手なのでもっと日本語を頑張ってください」

そう言えば、大学に入る前、大連で日本語を習っていたと彼女が話していた。その話は一学期の最初のころだった。

餃子は次々に作られ、大きなステンレスの蒸し器に並べられていた。手でこねてでき上がった生地を、小さく引きちぎった後は麺棒を転がして餃子の皮を作るのだが、早く作り上げると皮が乾いてしまう。見ていると周りの頃合を計って転がしているように見えた。かなりの時間をかけて餃子が出来上がった。桂花さんの指示の元に男子学生が食堂へと餃子を運んで行った。食堂の蒸し器で蒸してもらうのだ。その間、他の学生はテレビを観ながら待っていた。すると王麗萍さんたちがトマトを切り始め、切り終わったものからボールの中に入れていた。それを見ていた劉《りゅう》嬌嬌《きょうきょう》さんや何人かが手伝い始めた。やがてトマトの中に砂糖を入れたりしていた。西瓜は真ん中から二つに割られると、後はスプーンでえぐり、そちらもボールの中に入れた。これがデザートなのだろうかと思った。

テレビを観ている学生たちは、女性たちの奮闘に振り向こうともしないでドラマに観入っている。この辺りが、中国人である。みんなで作業をしているようで決してそうではない。そのうちテレビを観ながらライチを食べ始めた。ライチの皮はその辺に散らかり始めた。

男性たちのライチに気づいた劉嬌嬌さんたちは、「だめよ！」と言ってライチの入ったビニール袋を奪い取った。それを自分たちの机の上に置くと、デザートづくりも終わったころに今度は彼女たちが食べ始めた。

三時半過ぎにようやく蒸しあがった餃子が運ばれてきた。学生たちは餃子を見ると、一斉に餃子の前に群がり始め、一気に食べ出した。テレビを観ているどころではない。誰も声を掛け合うこともなく集まっていた。

「先生、先生も食べてください」

私のことを気にかけたのは秦冠男さんだった。

「餃子のタレはないのですか」

「タレって何ですか」

「醤油などに、お酢やラー油を入れたものです」

「待っててください。タレを作ります」

秦冠男さんは周りの机を見て歩いた。

「醤油しか有りません」

紙の皿に醤油を入れて持ってきた。「お酢も」と言ったので彼女は酢を探していたようだ。「からし」も同時に持ってきて「これも入れますか」と聞いてくれた。

私は秦冠男さんに作ってもらった「タレ」で餃子を食べ始めた。すると李旭《りきょく》君がビールを持ってきた。

「先生、ビールを飲みましょう」

そう言いながら私のコップにビールを注ぐと、自分はビンのままで口飲みを始めた。女性たちは誰もビールを飲まないようだが、やがて呂娜娜《りょなな》さんが「先生、私は飲みます」と言ってコップを私の前に突き出した。

「だいじょうぶですか」

「だいじょうぶです。先生とのお別れパーティですから」

ちょっと恥ずかしげな顔を見せながら、いつになく言葉に力を込めていた。「それでは」と言いながら私は呂さんのコップにビールを注いだ。

「ありがとうございます」

そう言い終わると、嬉しそうに飲みだした。彼女につられるようにして秦冠男さんもコップを突き出した。

「先生、私にも注いでください」

すると桂花さんもコップを持って、「私もお願いします」と言った。二人にビールを注いでい

お別れ餃子パーティー

ると、次々にコップが出された。
「先生への感謝を込めて」
突然、声を上げて桂花さんは言い放つと、一気にビールを飲み干した。続いて学生たちが唱和するように、「感謝を込めて、乾杯」と言って、ビールを手にした学生たちは一気飲み始めた。もっとも桂花さんはそれ一杯で、それ以上は一口も飲まなかった。その後も女子の何人かは「先生に感謝を込めて、乾杯」と言いながらビールを飲み干したりしていた。徐征君も久しぶりに私の傍に寄ってきてビールを注いでくれた。普段、ビールなど飲まない楊斌君も一杯だけコップに入れて飲んでいたようだ。
桂花さんの発声が契機となって、部屋中が賑やかになった。やがてビールも餃子も終わりかけたころ、全員で写真を撮った。写真は桂花さんが他のクラスの生徒を捕まえてきて、カメラマンにしていた。私といえば終始椅子に腰を下ろして注がれるビールを飲んで顔を真っ赤にさせていた。そんな中、長く授業を休んで顔を見せなかった張欣さんが、私の前に姿を現した。

「先生、一緒に写真を撮りましょう」

思いを込めたような言葉で彼女は言った。

「顔が真っ赤ですよ」

遠慮がちに私が言うと、少し恥ずかし気な声で「大丈夫です」と返ってきた。長期に休んでいた理由を聞くこともなく、学年が終わることに申し訳ない気持ちが私にはあった。張欣さんとの様子を見ていた学生たちは、次から次へと私の傍に寄ってきた。

「先生と一緒に写真を撮ります」

秦冠男さんがデジタルカメラで写し続けてくれた。

長春国際図書館学術会議に参加

クラスのお別れ餃子パーティが終わった週の日曜日、朝早くから長春国際図書館学術会議に参加するため、我孫子先生ご夫婦と会議場の長春賓館《チャンチュンビングワン》へと向かった。

長春賓館では全国各省都から図書館の責任者が集まり、国際会議が開かれるという。毎年、各省都が持ち回りで行っている国際会議である。今回は吉林省の省都である長春市の図書館が受け持つことになった。

私が長春国際図書館学術会議に参加するのは、「全国の図書館長が集まって国際会議を長春市で開催します。私も参加しますので是非先生も参加してください」と我孫子先生に誘われたからであった。主催者側の長春市図書館では昨年一月まで、我孫子先生のお兄さんが館長をしていた。新館長になった劉慧娟《りゅうけいけん》さんは早稲田大学の岸陽子教授（当時）とも親しく、半年ばかり早稲田大学岸教授の研究生として留学していたこともあるという。そんな劉新館長には私もすでに何度か会い、顔を見知っていた。いずれにしても、東北師範大学の日本人教師として新旧館長からの会議への誘いでもあったようだ。国際学術会議である以上、外国からの参加者が多く必要との事である。

主催者側からの迎えの車に乗って、新民大街へと向かった。やがて市内では有名な長春賓館へと到着する。私たちが車から降りると、我孫子先生のお兄さんが穏やかな笑顔で迎えてくれた。ほどなくすると劉館長も小走りにやってきた。

「今日はよろしくお願いします」

私たちにあいさつすると、すぐにも他の参加者へのあいさつ回りに出かけて行った。主催者である二人とも忙しそうである。私たちは係員に六階の会場に案内された。到着時間が早かったので貴賓室で開会を待つことになった。開会を待っていると、長春市の若い副市長がやってきて集まった人たちとの名刺交換が行われた。やがて幾人かの初対面の人たちとも私は名刺交換した。いずれも我孫子先生の知人のようであった。

貴賓室ではお茶が出され、しばらく寛いでから会場内の指定された席へと移動した。会場内には各省都から派遣された責任者たちが席についていた。広い会場がほぼ満席である。そんな中での私の席は、ステージから一番前の大きな名札の置かれた来賓席であった。名札には東北師範大学教授と記載されていた。外籍教師がいつの間にか教授に代わっていた。来賓が座り終わると待ちかねていたように会議は始まった。最初は長春市副市長と上海からの要人の挨拶があった。ところが、二人の挨拶が終わると、司会者はおもむろに言った。「参加者全員の記念写真を撮ります。ホテルの正面玄関に並んでください」

会場内が一斉にざわついて、みんなが席を立った。大勢の参加者が玄関までエレベーターで下りて行った。「中国はやはり会議前のセレモニーが大切なのだ」そんなことを思いながら、我孫子先生と一緒に私もエレベーターに乗った。

全員が入る集合写真を時間をかけてカメラマンは撮っていた。この時も私たちは最前列の指定席に坐らせられた。集合写真が撮り終わると、いよいよ会議が始まるのかと思っていると、写真撮影の後はお茶の時間になった。私たちは再び貴賓室に戻された。そこではお茶とお菓子が振舞われた。実にのんびりとした会議である。実際に会議が開かれたのは一時間半以上経ってからであった。中国では何よりも儀式が大切なのかもしれない。集合写真も、お茶の時間も学術会議の予定時間の範囲であるようだ。

今回、私が意外な感じを抱いたのは、すでに何度も参加した中国で行われた日中国際シンポジウムとの違いであった。その時は、これほどのんびりとしていなかった。日本人が時間にせかされていることを、中国側が理解していたのかもしれない。今回は日本からの出席者は私だけと言う「国際会議」であった。

長春国際図書館学術会議の最初の発表者は、アメリカから来たコーネル大学の図書館副館長アンナ・ケニー女史であった。彼女は一時間ほどかけてアメリカの大学における図書館状況を語り続けた。いかにアメリカの図書館の利用状況が良いか、そしてセキュリティーにも問題がないと話し続けていた。中国語の通訳はいたようだが、一言も通訳はしなかった。すでに彼女の発表論文は事前に参加者に渡されていた。

彼女の発表が終わって質問を受ける段になった。この時初めて通訳がついた。それは中国語の分からないアンナ・ケニー女史に対する通訳である。私も彼女に一つ質問した。私の通訳は我孫子先生である。アンナ・ケニー女史にはさらに英語の通訳によって伝えられた。私の質問は、図書館における盗難防止の対策についてであった。アンナ・ケニー女史の応えは一般的で、本に磁気を貼り付け持ち出されないように、室外に出るときには感知機で対応するという盗難予防である。それはバーコードを張り付ける以前から日本でも採用されていた。それだけではなくカメラを設置したり、書架の高さを制限したりと盗難予防の探知方法が取られていた。だが、アメリカの盗難予防については、「完璧な防御策」を講じてはいるものの、「内部の職員による盗難がある」という彼女の回答に、参加者が一斉に笑ってしまった。これは中国のどこの図書館でも見受けられるものであり、納得したのだろう。そこで、アンナ・ケニー女史は、「学生は勿論、職員の道徳的教育が徹底されなければならない」と応えていた。

二番目の発表は深圳図書館長の図書館の理念についてであった。彼は、発表の中で、中国における図書館という名称は一八九六年に日本から梁啓超《りょうけいちょう》によって初めて中国に渡ったという報告であった。

「元々蔵書を集めて観るという習慣は中国から始まったが、図書館という公共の図書という捉え方はなく、図書館によって初めて公共の図書という概念が中国に広まった。しかし、公共といっても国や地方が全ての予算を出すわけでなく、結果的には何らかの形で利用者からお金を取っているのが図書館の現状である」と指摘した。その上でさらに言葉を続けた。

「図書館の公共性を考えれば、当然利用者には全て無料にしなければならないが、いまだどこにもその気配はない。ただし深圳図書館はそれを行っています」

彼は自信たっぷりに語気を強めて言った。しかし良く話を聞いていると、利用者から「保証金を取っている」というものだった。

「いずれにしても、中国の公共はバスを「公共汽車《ゴンゴンチィチャ》」と書き、運賃をとっている。トイレも「公《ゴン》共厠所《ゴンツァースオ》」と書いて有料である。中国人のの公共とは未だお金を支払うものという認識がある」

こう指摘して彼の発表は終わった。彼の発表が終わって昼食の時間になり、一階のレストランへと参加者は移動した。昼食は中華料理のバイキングであった。

私たちは午後の発表を二つほど聞き終わったところで、送りの車で大学へ戻った。私は午後の発表はほとんど眠ってしまった。我孫子先生は図書館同士のネットワークについて質問をされていたが、あまりよい回答は得られなかったようだ。中国ではまだまだ図書館同士のネットワークは先のことのようだ。

帰りの車の中で、我孫子先生は思い出したように「中国には問題が多すぎます」と言いながら「例えば薬なども問題である」と話し始めた。

「中国の薬の表示には必ず『一日で効きます』と書いてあります。確かに一日目は効きます。しかし、だからといって二日目になってどうなろうと構わないのです。中には副作用でもっと悪くなる人も居るのです」

そう話し始めると、止まらなかった。

「いや、こんな話も有りますよ。高熱が出たので冷やす薬を買いに行って飲ませた。確かに良く冷えて熱は下がった。しかし本人は冷たくなったままだった」

全く、笑い話のようなホントの話だと我孫子先生は言う。

我孫子先生の招待で呂先生たちと会う

今朝は授業が一時限目だけなので、学年末テストに向けた復習を行った。授業を終えて研究室に戻ると、我孫子先生はにこやかな顔で切り出した。

「先生、今朝のテレビニュースを観ましたか」

「いいえ、観ていません」

「先生は、今や有名人です」

「えっ、どうしたのですか」

「昨夜のテレビでもニュースで流れましたが、昨日の全国図書館の国際会議で、先生が質問しているところが写されていたのです。それをアメリカの発表者が答えているのです。私も通訳として映っていました。これは全国放送です」

ちょっと興奮気味に我孫子先生は言う。

「それは残念でした。教えてくれれば観ましたのに」

どんな状態で映っていたのか興味があって訊いてみた。

「今朝も、同じニュース番組でした。先生は一躍有名人です」

テレビニュースに映ることが有名人とは、あまりよく分からない話である。日本のテレビにも一度出たことがある。その時は、午後のワイドショーか何かであり、仕事を休んで出演した。「貧困と非行少年」がテーマであり、福祉現場にかかわる者としてのコメンテーターであった。

「ところで話は変わりますが、今夜、『満洲』関係の学者を食事に招待します。先生もいらっしゃってください」

話題を変えた我孫子先生は、そう切り出した。

「社会科学院の先生方ですか」

私は訊き返した。もしかすると以前会ったことのある研究者かと思ったのだ。

「いや、社会科学院の先生方ではありません。兄の関係者です」

我孫子先生の長兄は東北師範大学大学院教授である。近代史専門の歴史学者で、その兄を通して三人の「満洲」研究者を呼んでいるとのことであった。

「先生の親しい呂元明先生もいらっしゃいます。ぜひ参加してください」

「呂先生も入っているのですか。それでは行かないわけにはいきませんね」

大学を出るのは四時半とのことである。その時間にロビーで会うことになった。

二時限目の授業がなかったので、その後は部屋に戻った。部屋に戻ると、学生たちとの思い出作りの「俳句集」の写真の取り込みを行った。学生たちとの一年間の思い出はたくさんある。学習の形として残したいと思ったのが、「俳句集」であった。短い言葉で、自分や自然を表現できる「俳句」が、学生たちには受け入れやすかった。もちろん「季語」も入れることなど教えていた。提出された学生たちの「俳句」は、思いのほか真剣なものだった。それらを「俳句集」として作るためには、写真の取り込みやレイアウトの修正など、作り始めると手間がかかった。ページ枠の中になかなか、バランスよく当てはまらないのだ。「俳句集」を作ると決めてから意外に時間がかかっていた。

今回も気が付くと一二時を回ってしまった。お腹も空いてきたので学生食堂へと出かけて行った。すでに学生の多くは食事を終えて、食堂から出ていった。もちろん私のように時間に遅れて駆け込んでくる学生たちもいた。食堂内の混雑は終わりかけていた。

クラスの学生たちがいないかと入口から食堂内を眺めた。食堂の真ん中あたりに侯蕾さんと張変変さん、それに珍しく南慧芳さんが一緒に食事をとっていた。私は自分の座る場所を見つけた。彼女たちも私を見つけたようで、手を振っている。私は彼女たちのテーブルに近づいて行った。

「先生、これから食事ですか」

積極的な侯蕾さんが私が近づくと立ち上がって一つ席を譲った。

「みんなの俳句集を作っていて来るのが遅くなりました。これから注文してきます。ちょっと待ってください」

「私たちのを一緒に食べませんか」

張変変さんが静かな口調の中に笑みをたたえて言った。彼女は一見男性的な体格をしていた。

それで誰もが彼女を元気そのものと思いがちに見える。しかし、彼女はどちらかと言うと恥ずかしがり屋であった。南さんは笑っていた。

「ありがとう。ともかく料理は買ってきます」

そう言いながら料理店のカウンターへと急いだ。

中国各地の料理や民族の料理が並んだカウンターでは、出来るだけ簡単で早く出来上がるものを見つけて注文した。多くの料理名が出ていても、今まで食べたものの数はそれほど多くはない。なんとなく口に入れると不安な料理もあった。もちろん漢字が読めない料理や意味が不明なものも多い。食べなければ味は分からないのだが、無理はしなかった。ところが、急いでいたので思いとは別なものを注文してしまった。カウンターの上に出されたトレイの上の料理は、見るからに辛そうな唐辛子のたっぷりと入ったうどん料理だった。私は失敗したかな、と思いながら学生たちのところへ料理を運んで行った。なんとなく早く作って貰えそうなものを選んだ結果である。

ふと、我に返って料理店の看板を見返した。朝鮮料理店の看板が私の注文した店だった。「冷麺を注文すればよかった」と後悔する。朝鮮料理店は朝鮮族の学生用に作られる料理がほとんどである。いずれの料理も唐辛子がたっぷりと入った辛い料理である。「朝鮮族は赤ちゃんの時から唐辛子は食べています」と学生が豪語するくらいだ。

「これは、辛そうです。南さんの好きなものですね」

学生たちのテーブルに着くと私は言った。

ところが南さんの前の食事を見ると、麺類が置かれているにもかかわらず辛そうなものは一つも入っていない。

「えっ、唐辛子がないですね」

彼女の麺類を見て私は言った。それに比べると、辛い物の嫌いな張変変さんの皿の中には唐辛子がそのままの姿で一杯入っていた。それを一つ一つ取り除きながら張変変さんは食べている。

「変変さんは、間違えて注文したのですか」

「そうです。間違えてしまいました。南さんと同じものを注文すればよかったです」

「変変ちゃんと南さんは、取り換えればよかったのよ」

侯蕾さんは二人を見て笑いながら言った。確かにその通りのようだ。しかし、お互いに注文した料理店からして間違っていたのだろう。私も、二人と同様に間違った料理を注文していた。

「先生は、辛い物が好きですか」

南さんが私の料理を見て言った。

「いや、それほど好きではないけど、注文したらこんなに唐辛子が多いので驚いています」

「変変ちゃんのように、脇に置けばいいですよ先生」

侯蕾さんは気の毒そうな顔を見せながらも笑っていた。

私は辛いのを我慢して食べていた。

食事が終わると、彼女たちと別れて研究室へと向かった。ＵＳＢに入れた「俳句集」の原稿をプリンターから写し出さなければならない。学生たちと会えるのは、もう幾日もなかった。年度末試験に入れば、監督官になって話し合う時間もない。出来るだけ早く学生たちに「俳句集」は渡したいと思っていた。

研究室に行くと、河本先生や我孫子先生の姿はなかった。それぞれ午後の授業に出られているようだ。私は急いでUSBをプリンターに差し込み、各項一枚だけ印刷に掛けた。その一枚ずつの原稿を持って印刷室へと向かった。印刷室は、別の棟にあった。印刷物だけを担当している職員が二人いた。学年末テスト用紙を印刷しているのだろう。輪転機がけたたましい音を立てて回っていた。私は利用枚数などを書く受付簿に二六人分のプリントを記入した。すると、顔見知りになっている男性の職員が、笑顔を見せながらすぐに空いている輪転機を回し始めてくれた。単純にコピー機を使うのではない。枚数が多い時はすべて輪転機を回すのだ。私は彼が動かす輪転機を見ながら終わるのを待った。少し残念なのは、輪転機から出てくる印刷物はどれも薄く汚れていた。それでも、ここではやむを得ないのだ。回転する輪転機が止まるまで、椅子に座って黙って見つめていた。暫く待って、出来上がると、「後は、組み合わせてホチキスで止めて製本するだけだ」とホッとした。

生暖かい印刷されたばかりの「俳句集」の用紙を手にして部屋に戻った。

我孫子先生との約束の時間になるまで、製本作業を行った。製本作業が終わると、これで今学期の主要授業が終わったような満足感が沸いてきた。

約束の時間どおりに公寓の一階ロビーへと下りて行った。我孫子先生はいつもながらに事務所の孫さんと話し込んでいた。奥さんの姿が見えない。

「お待たせしました」と言いながら「奥さんはどうされましたか」と思わず訊ねていた。

「今夜は、研究者の集まりですので、妻は遠慮すると言っていました」

いつもの笑顔になって、そう応えた。さらに続けて言った。

「吉林省の社会科学院の李茂傑《りもけつ》先生を呼び出そうと朝から電話をしていましたが、繋がらないのです。先生も一緒ですから是非にと思ったのですが」

申し訳ない口ぶりで話した。李茂傑先生は日中国際シンポジウムで顔見知りになった社会科学院の「偽満洲国」の研究者である。恰幅のいい五〇歳半ばの白酒《バイジュウ》のとても強い先生である。かつて日中国際シンポジウムでは、宴会になると「乾杯」の白酒を飲むのだが、日本人の誰一人として、敵う人はいなかった。チャレンジするように、「乾杯」を繰り返すうちに日本人は酔いつぶれてしまった。顔色を変えないで、一気に飲み干す豪快さは酒飲みの間では恐れられていた。

大学の正門からタクシーに乗り、南湖公園《ナンフーゴンユァン》の傍にある「東方餃子」店方面へとタクシーは向かった。ところが南湖公園畔の傍に建つ「東方餃子」店かと思っていたら、その手前にある本店の方にタクシーは止まった。タクシーから降りると、我孫子先生はそこでも李茂傑先生に連絡を取っていた。すると、何度目かで電話は繋がった。しかし、あいにく用事があり来られないとのことのようである。

「残念ですが、李茂傑先生は所用があって来られません。しかし、先生のことを話すと、すでに一〇年来の知り合いで、先生のことはよく覚えていると言っていました。よろしく伝えてくださいとのことです」

電話をカバンにしまいながら、私にそう説明した。私は豪傑然とした李茂傑先生の顔を思い出していた。残念と言うよりは、私だけでなく日中国際シンポジウムの時のようにもっとたくさんの日本側の研究者がここに居ればどんなによかったかと思った。懐かしい思い出がよみがえってきたのだ。ところが、店内で二人で待っていると我孫子先生のお兄さんから電話が入った。「教授会での会議が続いていて遅くなる」とのことだった。三〇分が過ぎるころ招待の先生方二人が見えた。やはりここは中国である。遅れることは問題ではないようだ。

ほどなくすると我孫子先生の兄も到着した。肝心の呂元明先生はここに来る時間を忘れてしまったのか、一時間近く遅れてやってきた。

「やぁ、お元気ですか、みなさん」

呂元明先生は笑顔を振りまきながら現れた。我孫子先生の兄はすばやく立ち上がりそして深くお辞儀をした。

「お忙しいところ、お出でくださりありがとうございます」

我孫子先生の兄は畏敬を持って手を差し伸べた。呂先生は差し出された手を握りながら笑顔を絶やさない。そして何かを話していた。それから二人の先生方とも握手して回った。我孫子先生も立ち上がって呂先生を迎えていた。むしろ私のほうはどう対応していいのか分からない。なにしろ私にとっては一番みじかな先生である。呂先生は改めて私を見ると、「お元気ですね。よろしいです」と言い、進められた椅子に腰を下ろした。もちろん一時間遅れなど気にする風もない。

呂元明先生が席に着いたところで、改めて我孫子先生の兄の挨拶が始まった。今回のこの席は兄が弟である我孫子先生を、中国側「偽満洲国」を研究している学者に紹介する目的の席であった。二人の学者はいずれも「偽満洲国開拓団」の研究者で狼先生と高先生との事であるが、私は名前を聞いていたがすぐに忘れてしまった。私たちのテーブルには、肉や魚など中国料理が並んでいた。お互いの紹介が終わると、すぐに会食が始まった。我孫子先生は私の隣で通訳をしてくれた。白酒での乾杯で始まるのが中国である。ここでも話が始まる前に乾杯をした。乾杯の後の会話は、直ぐにでも「偽満洲国」の話題に入るかと思ったが、そんなことはなかった。

「最近の教育界の腐敗は酷いものです」

そう切り出したのは主催者である我孫子先生の兄だった。

「私は大学院と博士課程を担当していますが、博士だけで一〇数人います。大学院生となれば一〇〇人近くいるのです。誰が誰だか顔も知りません。ましてや論文など出されても、読む暇さえないくらいです。これではまともに教えることなどできるはずもありません。院生たちもこんな状態では学ぶことはできないはずですが、これが現実です」

我孫子先生は直ぐに通訳してくれた。それから付け足すように言った。

「兄の仕事は、とても忙しいのです。寝る時間さえ寝ないと私に言います。お前のところは楽でいいとも。私だって忙しいのですが、確かに兄ほどではありません」

我孫子先生が話していると、兄はまた続けて話し始めた。

「最近の博士課程では修士もそうだが、彼らの論文の中には盗作があります。いや、盗作どころではない。なにしろ必要な論文を書いて売っているのです。売り手のほうは『もし、合格しなかったら代金は要らない』って言っているくらいです。ところが大方の論文はそれで通ってしまう。院生などが多すぎて担当教授は良く検討しないのです。しかし、知っている学者が見れば、それが盗作であるということがすぐに分かる論文です。しかも、ある論文を細かく切って、それを入り組ませて、あたかも別の論文のように見せかけるというひどい物まで出始めているのです」

すると、聞いていた学者たちは、「あっはっははは」と大笑いであった。私のほうはここまで酷いのかと、驚くばかりであった。更に話は進んでいった。

「ある大学の学長などは碌に論文など書きもしないで、あたかも自分が書いたように共著のトップを飾る。彼の名前を一番上にしないと本が出版されないのです。で、次から次に彼の本であるかのように本が出版され、彼は高名な学者にもなっていく。全くおかしな話です」

我孫子先生は通訳しながら、「私もよく知っている人です」と話していた。こんな話は日本でも聞いたことがあると思った。もちろん、大学の学長になったかどうかは知らないが、出版社としては売るためにはどうしても付加価値が必要で、高名な学者の名前を監修者として利用したがっていた。売るためには最良のことのようである。まあ、監修者などの名の出た印刷物は、古今東西、眉唾物が多いといえるのだろう。

「おかしな話は、大学だけではありませんね」

そう切り出したのは呂元明先生だった。

「実は、チチハルへ行ったとき、車に乗ったらとんでもないところに連れて行かれました。運転手に行き先を伝えると、『良く知っている。まかせてくれ』というので乗っていたのだが、結局別なところに連れて行かれて大金を取られてしまいました。中国にはそんなところがまだ多いです。匪賊がいっぱいいるのです。松原《ソンユアン》、農安《ノンアン》などでは農民が勝手に道をふさいで通行料を取っています。話を聞くと生活が苦しいので、そんなことをやっていると言うのです。彼らにも理があることは認めます。実際、私も通った時、彼等の正統性を認めました。すると彼らは嬉しそうに、『今度通った時は、無料にしてあげる』と言っていましたよ。中国には、未だに匪賊がいっぱいだ」

そう言って笑った。

「何年前のことですか」

私はすでにだいぶ経っている話ではないかと思って聞いてみた。

「まだ、二年前の話です」

暫くはこんな話で食事と白酒は口に運ばれ話が弾んだ。やがて頃合いを見計らって我孫子先生が先生方に質問を投げかけた。

「私は「満洲林業移民」について研究していますが、先生方はどう思われますか」

「『満洲林業移民』は満洲の開拓団全体から見ると僅かなものです。しかし、研究するにはそれなりの資料を集めなければならない」

そう応えたのは呂先生であった。我孫子先生はそれを受けて、また続けた。

「資料については青森県の農林局から出てきました。そのコピーを私は持っています」

「それでは現地に赴いて、生存している人の写真でも取っておく必要がある。すでに時間もないので早く出かけたほうがいい」

白酒て顔を赤く染めて呂先生は勧めていた。「満洲開拓団」の話になると、呂先生の目は輝き、言葉が速射砲のように飛び出していた。最初に「東方餃子《ドンファンジャオヅ》」店に入ってきた時は、少し疲れているようであった。それでもみんなに手を差し伸べて笑顔を振りまいていた。テーブルに着いた時も、「毎日、朝からぼんやり、昼も夜もぼんやりしています」と笑いながら言っていたのが嘘のようである。

我孫子先生も帰りの車の中で「家の父と年齢が近いが、呂先生はとても元気な人で驚きました」と言っていた。最近は入院している奥さんも少し元気になられたようで、帰り際に「去年は大変でした」と言っていたのが印象的であつた。

私たちは我孫子先生の姪御さんが運転する車に乗って大学まで戻って来た。

このところ三〇度を越す暑さ

七月ともなると毎日が三〇度を超す暑さになっていた。雨も降らずに暑い日が続く。それにしても休日の一日はとても早く過ぎ去って行く。今日もそうだ。朝起きて食事を済ませるとジョギングに出かけた。昨日も東北師範大学のグランドで少し走った。その関係で今朝は少し体が疲れていたが、何とか気持ちを奮い立たせてのジョギングであった。昨日同様、東北師範大学のグランドを目指した。大学構内には学生たちの姿が大勢見かけられた。誰もが忙しそうに本などを読みながら歩いていた。明日から学年末テストが始まるのだ。最後の頑張りを行っているのだろう。もちろんそんな学生だけではない。近くの市場に買い出しに出かけて行く学生たちの姿もある。

東北師範大学のグランドに着くと、我孫子先生の奥さんがゆっくりとトラックを走っていた。いつもだと学生たちに取り囲まれて走っているのだが、今朝は学生たちの姿は見えない。

「お早うございます。がんばりますね」

奥さんが近くまで来た時、声をかけた。

「お早うございます」

奥さんは、応えながらゆっくりと私のほうへ近づいてきた。

「もう、終わりですか」

奥さんは近くまで来ると歩き始めた。

「七時半ごろに来て、それから走っていたので終わりです」

たっぷりと額から汗を流していた。半そでシャツの襟もとにはタオル地の手ぬぐいが巻かれていた。それで、汗を拭き始めた。

「我孫子先生はどうされましたか」

私は手足の準備運動しながら訊いた。

「主人は相変わらず早起きして、何かをしていました。一緒に来るように勧めたのですが、忙しいと言って来ません。それに昨日の散歩で疲れたようです。先生はこれから走るのですか」

奥さんはそう問いかけながらも、手足を動かして整理運動を始めた。私の方は、「行って来ます」と言うとトラックを走り始めた。

今日の目標は走れるだけ走ることにした。ところが、走り始めると五周くらいの目安に代わってしまった。タータントラックは足の裏からクッションが感じられて走りやすい。それに競技場だということもあって、不思議と意欲もわき上がってくる。しかし、やっぱり体が重かった。メインスタジアムの観覧席には学生たちの姿が見受けられた。彼等は試験勉強をしているようだ。仲には恋人同士が寄りそっている姿も見受けられた。

グランドの東側は緑葉で覆われた白楊の並木が連なっていた。その柏楊の緑葉の上に太陽が姿を現し、眩しい日差しと暑さを放っていた。走りだしてほどなくすると、たちまち汗が体中から溢れてきた。私はなるべく考えないように、汗をかきながら走り続けた。

目標の五周目が終わると、体が軽くなっていた。思い切って六周目を走り続けた。

「お先に帰ります」

我孫子先生の奥さんが叫ぶように私に言った。

「あと一周で終わりにします」

私も思わず大声を出してそう応えていた。

「それじゃ、一緒に帰りましょう」

再び、叫び声のような奥さんの声が飛ぶ。その声に後押しされて、最後の一周を走った。

私たちが東北師範大学の校門を出ると、歩道の脇に車が長い列を作って止まっていた。この一週間、朝早くから昼近くまで、毎日同じような状態が続いていた。駐車しているのは、国立公安高等専門学校の親たちの車である。国立大学の入試合格発表が終って、二日ばかり経っていた。そして国立公安高等専門学校の合格者体力検査が始まった。試験会場の時もそうであったが、今朝も親たちは心配そうに車の外に出て構内を覗いていた。

構内では朝礼が終わると、遠巻きに眺めていた合格者の一団が、校舎内へぞろぞろと入っていった。その姿を門の外では家族が見守り、車の長い列が続いているのだ。

車から降りた家族は子供たちの姿が見えなくなっても、心配気に、しかも手持ち無沙汰気に歩道に腰を下ろしていた。ある家族の男性は暑さのために車のドアを開け、椅子にもたれ、足をドアの上に投げ出し休んでいた。その一方で、道路の縁石に腰を下ろした家族は、決まってひまわりの種を口に入れ、皮を足元に吐き散らかしていた。車の周りには果物の皮も散乱していた。最初に彼らが現れた時から、彼らが去った後にはかなりのごみが捨てられていた。今日まで一週間同じような光景が続いている。最初は何事が起こっているのかと、研究室の窓から車の列を眺めたものである。

公寓に戻ると、玄関先に我孫子先生が奥さんの帰りを待っていた。

「今日も暑いですね」

あいさつ代わりの我孫子先生の声が飛ぶ。

猛暑の中、呂先生と満洲作家調査

先日、呂元明先生と会った時、「満洲」作家の住んでいた地域、および住宅などを調査しましょう、と言われた。その約束が一〇時に「師大会館《シーダーホイグワン》」へ集まることだった。「師大会館」は東北師範大学の宿泊ホテルであり、大きな会議場もあった。私はいつも通りに、約束の五分前にタクシーで到着した。ところが入り口近くのロビーで二〇分ほど待っても呂先生は現れなかった。そこで電話を入れることにしたが、携帯電話を持ち合わせていなかった。近くに電話ボックスも無い。やむなく「師大会館」の商務部に行って、呂先生への電話番号を示して連絡を頼んだ。カウンターに出てきた職員はすぐに電話を掛けてくれた。しかし、呂先生は不在のようで電話には誰も出なかった。商務部の職員は私に向かって言った。

「電話は通じません」

職員の顔は事務的で無表情である。私のほうは逆に不安になってしまった。それでもやむなくロビーのソファーに腰を下ろして待った。程なくして呂先生はいつものように、大きな体を揺らしながらやって来た。

「やぁ、お元気ですね」

私の顔を見るなり満面の笑顔を浮かべながら手を差し伸べた。私の手をしっかりと握った。

「先生もお元気で」

握られた手に力を込めて返しながら私も言う。待っていた時間などどこかへ飛んで行ってしまったかのように不安は消えた。

「どこに行きますか」

即座に質問のように訊いてきた。答えは先日話していた山田清三郎の居住先へと出かけることである。

「山田清三郎の居住先ですね」

私は学生のように答える。

「山田清三郎、そうでしたね。さあ、行きましょう」

正しい回答が出て満足ですと思ったのだろう。先になって「師大会館」の玄関へと向かった。「師大会館」の前は幅広い両側四車線もある大きな通りである。いずれの側にもバスやトラックなどが一般車とともにひしめき合って走っていた。呂先生はそんな車の流れの中に向かって歩きタクシーを拾った。

「乗ってください」

タクシーの運転手とのやり取りを済ませると私に言った。呂先生は運転手の隣に座り、大きな体を入れていた。タクシーは私たちを乗せると、幅広い人民大街に出て長春駅の方に向かって走った。呂先生は何時ものように運転手に語り掛けていた。世間話なのだろう。たちまち運転手は大きな声で笑い出した。これも見慣れた呂先生と一緒の車内風景である。タクシーは長春駅の手前の長江路に入っていった。嘗て「満洲国」時代には「吉野町二丁目」と言われたところである。それから、勝利大街（旧日本橋通り）に出る手前までくるとタクシーは止まった。

「さあ、降りて少し歩きましょう」

タクシーを降りると、勝利大街に向かって少し歩いてから呂先生が言った。

「この辺りに山田清三郎が通った、何とかと言うクラブが有りました」

クラブ名が思い出せないようだ。古い建物が並んでいるが、クラブと言う華やかさなど付近には見当たらない。呂先生が言った場所は旧吉野町二丁目三三番地か三五番地に当たった。殆んど車や人の往来の激しい勝利大街に出る手前である。勝利大街には旧正金銀行（現横浜銀行の旧名）の臙脂色の建物がほぼ正面に見えた。かつてはこの近くには市場もあった。今は少しばかりの広場になって変わっていた。広場と言っても地下街がある。地下街はかつての市場を思わすような小さな商店が立ち並んでいた。大勢の買い物客で混雑していた。昼下がりの日差しは暑さを増して私たちを照りつけていた。勝利大街は何度もすでに来ていた。一人で調査もしていた。かつての建物が取り壊されているところもある。いずれにしても、山田清三郎が通ったクラブがあったということだけを確認する。

山田清三郎の簡単な年表を（一九五五年・現代日本小説大系・河出書房）「渡満」まで転記してみる。

一八九六年六月一三日、京都に生まれる。小学校六年で中退、その後京都の郵便局の給仕を皮切りに、薬問屋、菓子屋の丁稚、小学校給仕、新聞配達、鉄工所の見習い工、牛乳配達等々の転職をした。

一九一八年八月、東京に出るとともに、再び新聞配達等の仕事をする。

一九二二年、「小説倶楽部」の記者となる。その後はプロレタリア文学雑誌「新興文學」を創刊し、以後「文藝戦線」の同人、発行、編集の責任者となる。

一九二五年一二月、日本プロレタリア文藝連盟創立。

一九二七年六月、労農藝術家同盟創立、同年一一月、前衛藝術家連盟創立。

一九二八年三月、全日本無産者藝術連盟（ナップ）を創立。機関紙「戦旗」を発行し編集責任者になる。

一九二九年二月、ナップ文芸部の日本プロレタリア作家同盟として独立。

一九三一年二月、「戦旗」の責任者として治安維持法違反で検挙、起訴、一一月出所。

一九三三年、日本プロレタリア作家同盟第六回大会により、委員長になる。

一九三四年二月、弾圧に抗し切れず日本プロレタリア作家同盟解体。同年八月、再び治安維持法の確定懲役三年、下獄後不敬罪八カ月の追加懲役刑。

一九三八年二月、二ヶ月半の刑期残して仮出所。

一九三九年四月、「渡満」し、一時帰国後再び「渡満」同年一二月、「満洲新聞社」に入社。

山田清三郎は上記の経歴を持つ言わば時代の先駆的プロレタリア作家であった。同時に組織者でもあった。


私たちは次の目的地へと移動することにした。呂先生は再びタクシーを拾うと、目的地を運転手に伝えた。どうやら寛城子らしい。長春駅の西の哈爾濱方面に向かう大通りを走る。やがて哈爾濱へ向かう鉄路のガードを潜り、凱旋路（旧軍用路）を走った。暫く走って郊外へ出ると寛城子に着いた。タクシー運転手は呂先生の指示に従い三輔路（旧名も同じ）の道路表示を見ながら、今は長春鉄道の労働者の団地となっている町に入っていった。団地と言ってもかなり年代物の五階建の住宅である。三輔路に面した角地は公園になっていた。公園の一角に数本の大きなポプラの樹があった。ポプラは青々とした緑葉を茂らせ、年老いた年配者たちに日陰を作っていた。彼

老人達の公園でのマージャン風影（猛暑の中、呂先生と満洲作家調査）

等はその日陰の下で幾つものテーブルを囲み、マージャンをしている。マージャン牌は日本のものより数倍も大きい。一つのテーブルには見物人も含めると七、八人はいた。彼等はマージャン牌をガラガラと音を立てて混ぜ合せ、声を掛け合ったりして楽しそうである。呂先生はいつの間にか、そんな年寄りたちに声をかけに行き、この辺りの移り変わりについて聞いていた。

「昔はポプラだけではなく、この公園には大きな白樺もあった」

呂先生は私のほうを振り返りながら、彼らが話したことを説明した。そして団地内の道路を指して言った。

「ポプラ並木が続いているでしょう。みんな太いですね。満洲時代からのものですよ。この辺りはロシア人が多く住んでいました。山田清三郎も北村謙次郎もこの辺りのロシア人の家に住んでいたのです」

最初に探し当てたのは二人の作家たちの住んでいた建物ではなかった。一九二五年に長春市で最初の中国共産党支部が誕生した二階建ての建物であった。当時、ここは中国共産党の地下組織の細胞であり、寛城子駅の郵便局として建てられたという建物である。灰色に塗られたレンガ造りの建物は、すでに一〇〇年以上は過ぎているのだろう。老朽化して埃に塗れていた。建物を取り囲むように周辺は五階建ての住宅団地である。ただ、道を隔てた正面の一角だけ、「満洲」時代から中国人が住んでいた建物のようである。

「今も貧しい人たちが住んでいます」

崩れかけたレンガ造りの一階のすすけた窓から中を覗きながら呂先生は言った。私も呂先生の後から覗いてみた。生活用品が雑然として置かれていた。それも僅かであった。確かにまだ人が住んでいる気配はしたが、誰もいなかった。私たちは貧しいレンガ造りの住居と周辺の写真を撮った。写真を撮り終わると、呂先生は建物と道を挟んだ向かいの平屋建ての小さい家の前に行った。そこでは果物を台を並べて売っている女性がいた。呂先生はそんな女性に話しかけていた。彼女は頻りと杏を売ろうとするが、酸っぱい物の嫌いな呂先生は顔をしかめて笑っていた。

私たちはロシア人の住んでいた家を探して南に向かった。旧寛城子一匡街《いっきょうがい》へと向かったのだ。山田清三郎は一九四〇年のころから「寛城子一匡街五五」のロシア人アンドレーエフの家に住んでいた。旧寛城子国民学校の附近である。その辺りにはたくさんのロシア人住宅があったようで、呂先生は歩きながら説明した。

「ポプラ並木があるでしょう。それから少し離れて家があって、必ず庭が有りました。庭には白樺の木があったのです。今はどこにも白樺はありません。どうしたのでしょうか」

当時を懐かしむように言ってから、呂先生は「満洲文学」に興味を抱き、調査したのが五〇年前だと話した。それは学生に語りかけるような口調であった。そしてさらに
「調査はじっくりとしなければいけません。急いでいては何も見つかりません」

そう言いながら、埃のたつデコボコした道をすたすたと歩き続けた。

私たちは旧寛城子一匡街へと向かっていた。「この付近には旧国民学校がありました」と呂先生は言った。近くに新しく建て替えられた小学校が現れた。名称も長盛小学校になっていた。長盛小学校の長い塀を見ながら校庭に入っていった。校庭には大きな倉庫が建っていた。堅牢なレンガ造りのロシア建築である。当時のままのようである。

「『三不管』という言葉を知っていますか」

突然呂先生は聴き慣れない言葉を切り出した。また説明を始めた。

「日露戦争以降一九〇五年から一九三五年まで、ロシアの寛城子軍は寛城子駅周辺を軍隊駐屯地としてかなり広く占領していました。南には日本軍が占領していましたが、当時の中国政府からは満鉄長春駅付属地だけの占領を許されていました。その双方の国の占領した中間の土地は、中国の地主の物でした。しかし、地主は自分の土地を双方の国と中国官吏に支配されていて、自分

たちで管理することができなかったのです。それを『三不管』と言うのです。そのうち、満鉄などは隣接する地主に働きかけて、地価を吊り上げて「三不管地主」から土地を買い占めて行ったのです。当時の長春駅周辺の地図が、鉄路に沿った付属地だけの土地ではなく、寛城子駅周辺が凸凹して広がっているのです。ロシアは軍の駐屯地だけですから正方形の土地です」

この話は「満洲国」以前の長春駅周辺の土地の管理と広がりを話してくれたのだ。長盛小学校の校庭から周辺を見ると、嘗てロシア人の住んでいたと見られる堅牢なレンガ造りの建物が塀の向こう側に見えた。建物の周囲は五階建ての共同住宅で取り囲まれていた。

「ここからではよく見えませんね。向こうへ行きましょう」

呂先生はそう言うと、また歩き出した。ロシア式のレンガ作りの家の近くへ行こうと言うのだ。長盛小学校の正門の近くに、根元から切り取られたポプラの樹が立ち並んでいた。呂先生は立ち止まって見ていた。

「これも太いポプラですね。みんな満洲時代の物です」

しみじみとした口調になって呂先生は言った。遠い時代を思い描いているのだろう。それは呂先生自身の若き日の姿でもあったのだろうか。鉄鋼山で工夫として働いていた青少年時代でもあり、日本の敗戦時でもあったかもしれない。

小学校を後にして南へ下り比較的広い通りに出た。その途中でやはり崩れかけ、群れるようにして寄りあっている「満洲」時代の中国人民家を見かけた。

「満洲」時代のロシア人旧居跡

「貧しいですね。見ますか、これは中国の一つの物です。ここに住む人々はここから抜け出すことが出来ません。何故ですか、私には分かりません。昔から娼家街には戻ってはいけないという言葉もあります。ここに入ると出られないからです」

そう言われてみれば、今でも貧しさは犯罪と傷害事件が多発し、日本でも少年犯罪の多くが貧困から発生していた。「娼家街から戻れない」と言った言葉も元はすべて貧困からきている現実である。

広い通りを東へと向かうとロシア式のレンガ造りの家が小学校のグランドの先に建っていた。塀はレンガを横に人の高さぐらいに並べて作られていた。建物は全て平屋建てのようだ。窓は二つで、明かりを取り込むには大きく、むしろ小さいくらいである。屋根はトタン葺で、切妻の軒にはレンガを二段ばかり外に張り出して、飾りの役目をさせていた。屋根にはペチカの煙突が二つ取り付けられている。全体に埃の被った古い建物であることが一目で分かり、廃墟かと見まがうばかりである。それは窓を二つに分けて取り付けられたガラスのすすけた色合いからも見て取れた。それに比べ道の反対側に立っていたロシア式レンガ造りの建物は現在でも使用されていることが一目で分かった。屋根のトタンは葺き替えられ、赤いペンキで鮮やかなほど綺麗に塗装されていた。ペチカからの煙突が六つほど屋根から突き出ていた。塀の中央には黒塗りの板を張り合わせた門も有り、豊かさを誇示することは出来ないまでも、生活の臭いは十分に窺い知ることができた。勿論、今では庭に白樺の木々は無く、この辺りの道路にはポプラ並木もなかった。しかし、かなり大きな家であることは間違いなく、長い冬の寒さを凌ぐには、適した環境といえた。山田清三郎などはこの辺りのこのような家のアンドレーエフの家に下宿していたのだ。山田は『一粒の米を愛する心』(一九四一年四月一日　大阪屋号書店)の「生活を愉しむ白系露人」の中で「白系露人は、貧乏人が、殆んど」といいながら「彼らの生活は、見る目にも豊富で、充実している」ようであるという。また冬の暖かさは彼らの節約が身についていることも語り、彼らの部屋の内部は「部屋の装飾を決して忘れない。私の借部屋も、甚だ粗末なものだが、しかし四圍の壁は、下は緑色、大半はクリーム色に塗られ、天井はコバルトに彩られてゐる。そしてその色彩の區切りには、黒や金色やでラインが施してある。また、窓には、自製のレースのカーテンが垂れてゐるといつた具合である」と述べている。それは今では想像するより他になかった。

山田清三郎が、最初に「満洲」に渡ったのは『北満の一夜』(一九四一年四月一日　満里閣)や後年の『転向紀　霧の時代』(一九五七年四月　評論社)の「満洲行」の中で一九三九年四月末としている。その理由については『転向紀　霧の時代』「一章　一仮釈放」で書かれた「満期出獄でなかったことは、私をすっかり卑屈にしてしまった」と述べている。それは原因の一つである。同時に千葉県刑務所長・正六位勲三等　安東福男から受理した仮釈放の証書が物語る。彼の転向であった。仮釈放の証書には「改悛ノ情顕著ナル」と書かれていた。仮釈放の内容は「日華事変」に端を発した「国防献金運動」への寄付であり、賛助であった。同時に彼は「私の頭のなかに、皮肉な対象を持って明滅する人間の像がえがかれた。国際反帝・反戦戦線の舞台で祖国の同胞に、銃を捨てよ、平和を求めよとさけぶ英雄的な鹿地亘と、作業給与から国防献金をして、七十余日というみみっちい仮釈放をもらって」「いま彼と立場は、みごとに転倒してしまった」と述べていた。同じ日本プロレタリア作家同盟の「鹿地・山田ブロック」とまで言われた二人の立場が乖離してしまった。鹿地亘はすでに上海へと脱出していた時期である。

さらに獄中、「四百五十通」の書信を送った妻が、出獄後に彼に語った朝鮮人若者との「不倫の告白」であった。「国防献金運動」への心の誘惑は、三年という長い獄中生活の疲れからだろうか、運動の終焉と転向者の続出していく中で、目標を失いかけた彼の精神状態のゆるみだったのだろう。いずれにしても「みみっちい仮釈放をもらって」と自らを蔑んでも、すでにその時点から彼の世界は大きく右へと旋廻していった。教戒師に「お世話になりました」と語る言葉もまた彼の行く末を暗示していた。かつては出獄ともなると華々しく迎えいれた友人たちの姿も無い現状は、闘争意欲を打ちのめしたのも事実だっただろう。それらの事件が重なることで、行き場が見えなくなり、居場所の無くなった山田が、同じ転向者たちが流れて行った「満洲」へと興味を引かれたのは当然の帰結であったと思われる。さらに幼子の喪失感も。

通りに戻ると、ロバが荷を引いて歩いていた。長春市内でも時々見かける風景である。農家の主が野菜の挽き売りをしているのだ。

私たちは更に先へ進み、四辻の角を左へと曲がった。四階建ての共同住宅の裏の路地に入るとまた、ロシア式のレンガ造りの建物があった。ここは路地に面して高い窓が四つ取り付けられていた。中を覗くと薄暗く、山田のいう「大半はクリーム色」の壁は見られず、むしろ壁の下地がむき出しになったように、全体に灰色がかっていた。人が住んでいるようであったが、調度品などは見当たらなかった。もしかすると倉庫であったかも知れない。すると呂先生は立ち止まって私のほうを向くと言った。

「これは当時のロシアの兵舎です」

入り口は西に向いて、半間ほどの古い木造の扉が取り付けてあった。いつの頃か、一部分手を入れたようで、部屋が前に突き出ていた。屋根はやはりトタンで葺いていた。家の周りには襤褸や木屑が積み上げてあり、ゴミタメの様になっているのが気にかかった。

入り口のレンガによる壁の飾りは膨らみのある壷をイメージさせる。デザインとしては豊かさを感じた。周辺にも幾つかの同様な建物が見受けられた。しかし、ロシア建築の住居はこれで、かなり見たことになる。ほとんどがレンガ造りの建物であった。だが、近い将来、周辺から押し寄せている都市開発によって、消えていく運命であることは否定できない。

「さあ、私たちは最初のところへ戻りましょう。お腹もだいぶ空いてきましたね」

呂先生はそう言いながら車の激しい通りを長春市内へ向かって歩きはじめた。その足取りは特に急いでいるわけではない。やがて、路上に日常雑貨をわずかだが並べて商いをしている数人のおばさんたちにであった。日常雑貨と言っても電気器具や工事道具が殆んどだが、みんな個人の家庭で使い古したような物である。相変わらず日差しは暑く空気は乾燥していた。通りを歩く人も少ない。もちろん彼女たちの広げた日常雑貨を見る客の姿はない。ただ、売りたい品物があるから並べているといった具合である。そんな中で、呂先生はふと足を止めて立ち止まった。僅かばかりの本と雑誌を莫蓙に並べている。呂先生はいつものように親しげに叔母さんに声をかけ、手垢で汚れた古ぼけた本を眺めていた。私も一緒に立ち止まって眺めたが、「満洲」時代の雑誌などは観られなかった。その内、一冊取り上げて「いくら」と呂先生は聞いていた。小母さんは良い客が来たとばかりににっこりと笑って言った。

「五元だよ」

呂先生は言われた値段でそれを買うと、私に渡した。『日本文学』という表紙の雑誌である。どう見ても日本人が出版したとは思えないデザインである。

「これは私が出した最初の雑誌です」

呂先生は真顔になって言った。すぐに裏表紙をめくると一九八〇年代の雑誌であることが分かった。日本語で話している二人を見て小母さんはきょとんとした顔である。今度はおばさんに向かって呂先生は話し始めた。

「この本は、私が若い時に最初に作った雑誌だよ」

小母さんは思いがけない出会いに驚いて、隣の女性に訳を話した。とたんに皆で声を出して何か言い合っていた。呂先生は笑いながら、また何かを言っていたが、私にはよく分からなかった。呂先生は懐かしさとともに、『日本文学』を手にするとまた歩き出した。

「あれがロシアの寛城子駅です」

長春市内へ向かう交差点のところまで来ると、再び立ち止まって通りの向こう側に小さく見える赤いレンガ造りの駅舎の痕を指した。

「今は何もないです。それより手前にある黄色いのが駅舎の病院でした。今も病院です」

木々に囲まれるようにして建物が見えた。ロシア式の石造りの黄色い建物である。しかも二階建てで瀟洒な感じのする建物である。車の流れが多いので、道路を渡ることはできなかった。それよりも、早くも呂先生はタクシーを捕まえていた。

「どうぞ、乗ってください。次は藤山一雄が住んでいた家の辺りまで行きます」

私たちを乗せたタクシーは来た道を戻って行った。途中で大きな建物の壁に鳩の群れが飛んでいるデザインを見かけた。長春では珍しいデザインの建物だった。タクシーは再び鉄路のガードをくぐって市内へと入って行った。呂先生は街区の表示を見ながら北安路南二胡同でタクシーを止めた。

「藤山の住んでいたのはこの辺りですが、今は満洲時代の建物がありませんね」

タクシーから降りて、歩きだすと呂先生は口に出して言った。日本式のモルタル住宅が見当たらないようだ。私たちは北安路南二胡同の路地を歩いて、建物を探しまわった。ほどなくして、一軒だけ「満洲」時代の建物が残されていた。それを見つけると首をかしげながら言った。

「これは後で調べてください」

どうやら藤山が住んでいたらしい家とはだいぶ趣が変わっていたのだろう。私の持っている一九四〇年の長春市内地図で住所を調べてくださいとの意味だった。日本式建物の前に中年の小母さんが洗濯物を干していた。呂先生は彼女にも話しかけていたが、すぐに私に向かって言った。

「残念ですね。当時のことは何一つ知らないといっている」

それでも私を見ると「日本人だね」と、小母さんは訊いていた。

「そうだ」

呂先生はぶっきらぼうに答えてから、私に向かって言った。

「この建物は官舎としてはそれほど大きくないです。藤山の住んでいたのはもっと大きな建物です」

私は呂先生の言葉を聞きながら、かつて大連市内の大連病院周辺にあった日本人住宅街の瀟洒な建物を思い出していた。満州鉄道の社員や幹部連中が住んでいた建物で、今も中国人が住んでいた。

呂先生は洗濯物を干す手を止めて話していた小母さんに別れを告げると、「行きましょう」と私に言ってまた歩き出した。それほど広くない通りの左右の住宅はやはり古い建物が多かったが、いわゆる日本式ではない。暫く歩いていると長屋となった日本人が住んでいた官舎が見つかった。

「これは位の低い官吏の家です」

間口の狭い玄関がある長屋の住宅である。平屋建てであり、木造でないのが「満洲」的といえるのだろうか。写真を撮っておいた。

「藤山の家は見つかりませんでしたね。もう、無いのかもしれませんね」

私が写真を撮り終わるのを見ると呂先生は言った。

「これで今日の散歩は終りにしましょう。お腹がだいぶ空きましたね。近くに美味しい餃子の店があります。そこへ行きましょう」

路地を通り抜けると大通りに出た。それから二股に分かれた道に入ると、多くの車が両側に止まっていた。この通りはレストラン街のようだ。まだ灯りはついていないが飲食店の巨大な看板が店の前に立てかけられたり、額に入って軒に飾られていた。どの店の看板や窓にも赤い提灯がぶら下げられていた。私たちは「哈爾濱《ハルビン》餃子」と名前の書かれている大きな店に入った。ここは一度やはり呂先生に連れられて入ったことがあった。蒸し餃子や水餃子の店舗が圧倒的に多い中、焼き餃子で有名のようだ。餃子には色素で染められた五色ほどの焼き餃子もあった。いずれにしてもとても美味しい餃子店である。店内も客が出払った後のようで空いていた。店内に入ると、「何が食べたいですか」と訊いてはくれたが、いつもながらにメニューと長いにらめっこをしてから、店員さんとおしゃべりが始まった。

それでも、哈爾濱ビールを注文してくれた。長春市内では一番おいしいビールでもある。

呂先生はビールを飲まないが、ビールが運ばれてくると、「飲みなさい」と言って注いでくれた。

「また近いうちに出掛けましょう。今度はどこへ行きたいですか」私にビールを勧めながら、次の予定を立て始めた。

学年末テストが始まる

七月に入ると、ほどなくして学年末テストが一斉に始まった。私の担当は一年生の試験監督である。開始時間は一〇時からなので、ゆっくりと部屋を出て行くことができた。勿論、起床は何時もと変わらず六時過ぎには起きていた。このところNHKの朝のテレビドラマも見た。ただ気になったのはやりかけて終わらなかった「作文」と「会話」の授業経過とテスト結果報告書の作成である。何とか細かい数字的なものを出したが、一部文書報告が最後まで残ってしまった。なんとか提出日ぎりぎりで終わらせた。

試験監督は殆んど一年生の担任教師である于輔先生と一緒であった。一回だけ我孫子先生とのペアがあり、試験二日目の二時限目であった。

研究室に着くと我孫子先生の姿はまだ見えない。直ぐに孟さんの部屋に行って、テスト用紙を受け取った。テキスト用紙を受け取るとそのままB三一一教室へと先に出かけた。少し早めに教室へ行ったつもりだったが、流石に試験は緊張するのか一年生全員が着席していた。昨日は初日であり、幾人かはすでに顔見知りとなっている学生もいたが、多くの学生は初対面の学生たちであった。黒板にテスト内容と、テスト時間、監督者の名前を書いてから、ルビをふると珍しげに声を出して読んでいた。ところが、二日目は一年生に交じって、私のクラスの学生が一人席についていた。確かめてみると五人の学生が一年度の履修ができず再試験を受けているのだ。テスト内容は同一ではない。一年生の問題に比べ、量的にも少なくかなり易しい問題が出されていた。

我孫子先生は汗をかきながら教室に入って来た。

「すみません。遅れてしまって。今朝方まで仕事をしていたもので、寝過ごしました」

いつものように屈託のない笑顔を見せて言った。

二人で問題用紙と答案用紙を机の上に置いていく。それから、前後に分かれて学生たちの監視を始めた。テストが開始されると、三〇分経ったところで二年生たちは退室して行った。やはり形式的な追試のようだった。それに比べると一年生の問題は量的にも多く、作文もあって大変だ。時間も一〇五分と長い。我孫子先生と私は教室の中を動き回りはじめた。カンニングを防止するためなのだが、さすがに一年生ではカンニングは無かった。もっとも書き込みがかなりの量なので、他人の答案用紙を覗いても効果は薄いように思えた。教室内を歩き回っていると、汗がにじみ出てきた。私たちは教室の窓を開けたり、出入り口を開けたりして風の通りをよくした。クーラーがないので教室内が暑い。試験監督と言っても、学生たちが夢中で筆記していては手持ち無沙汰になる。私はつい学生の机の上に出している学生証に手が伸びる。学生証には民族と出身地が記録されている。それが興味を引いた。かなり遠い地方から長春に来ていることが分かるのだ。

殆んどの学生が同じ都市から来ては居ない。また、長春市内の学生も少なく、三五名の生徒の中で数名もいなかった。すでに帰郷のための切符を手に入れている学生もいた。学生たちは切符を学生証と一緒に入れていた。私はそっと中を覗いてみた。西安へ帰る学生の運賃が記載されていた。一二〇数元と書かれていた。これは学割の金額であるから実際は二倍の運賃である。北京までが五〇元かからないのだから、西安がいかに遠いかが分かった。

我孫子先生は教壇の前に立っていた。

「どうぞ、椅子に腰を下ろしてください」

私も足腰が痛くなり始めたので、近くにあった椅子を勧めた。

「ありがとうございます。先生も座ってください」

我孫子先生は独りだけ座るのは気が引けたのか私にも座ることを勧めた。

我孫子先生が座ると、私はまた学生たちの周りを歩き始めた。立っているより歩いたほうが楽だった。

一年生のテストは「法律基礎と思想道徳」である。テキスト参照可でもある。ところがどの設問も長文を書かせるため、学生たちは四苦八苦していた。答案用紙とにらめっこしながら、必死にテキストを調べ、書き写していくのだ。前回、「毛沢東思想」のテストのときも同じであった。「毛沢東思想」は九〇分に渡って書き続けて、終了時間となった。今回はさらに時間が長かった。テキストを見て答えを探し出すのに時間がかかっていた。中には全く大雑把に書いている学生もいた。それでも、回答を探す時間もかかり、全体で一〇五分は掛かるのである。上手く問題を作ったものだと思う。

学生たちを見ていると、あどけない顔をしている少女が多い。いや、彼女たちは少女に見えるくらいあどけない顔をしている。あどけない彼女たちの身分証明書を再度見せてもらった。やはり様々な地方から長春へ来ていた。温州市から来ている学生がいた。帰郷列車の切符を見ると、学割で三〇〇元を超えていた。西安の一二〇数元で驚いていたのが嘘のようだ。一般料金で換算すると、六〇〇元だ。長春市街で働く若い女性の一ヶ月分の給料に値した。それが片道の料金である。貧しい農民であったら帰郷はおぼつかないだろう。「四年間、故郷へ帰ることもない学生がいます。彼等は帰郷しないでアルバイトを続けているのです」

四年間も日本へ帰国することなく、大学構内の公寓に住み続ける河本先生がそう話していたことを思い出した。自分と重ね合わせて話したのかもしれない。河本先生は学生たちに、会話教室といって自分の部屋に彼らを呼んで日本語を教えた。

帰省しない学生たちと吉林市へ

長かった学年末試験も終わると、学生たちは一斉に大学の門をくぐって故郷へと帰り始めた。大勢の学生が校庭からスーツケースを牽いて流れて行くのだ。私はそんな学生たちを眺めながら、少し散歩でもしようと外に出た。すると後ろから「先生！」と呼ぶ声がした。赤いTシャツを着た楊柳さんが笑顔で小走りに近づいてきた。

「いつ、帰省するのですか」

スーツケースを持って校門を出て行く学生達とは異なって何も持っていない。

「今夜、故郷へ帰ります。大変お世話になりました」

そう言いながら、しきりとお腹をさすり始めた。

「先生、お腹が痛いのでお先に失礼します」

ちょっと顔をゆがめると、お腹をさすりながら寮に向かって駆けて行った。なんとも忙しない彼女の姿に、子供らしい彼女らしさが感じられた。後姿をしばらく眺めホッとした。

クラスの多くの学生たちは、昼食を食べると大学を離れて行った。校外へと一斉に向かって歩いて行く。私はそんな学生たちに交じって歩き、校門を出たところで侯蕾さんに出会った。彼女も「今晩の列車で返ります」と言う。

「楊柳さんたちと一緒の列車ですか」

そう訊いてみた。

「いいえ、違います。私は唐山市ですけど、楊柳さんは寧波市です。列車も違って遠いです」

特に一緒でないことを気にする風ではなかった。

「寧波市は遠いですね」

上海市の南にある寧波市は、長春市からはかなり遠くに位置していた。二日がかりなのだろう。校門の先では、学生たちがタクシーに荷物を積んで長春駅に向かって行く。タクシーを求めて学生たちの固まりもできていた。一団のタクシーが走り去るとなかなか次のタクシーが来ない。長春駅行きのバスはすでに農業大学の学生たちで満員である。人文学院前では止まることもなかった。隣の東北師範大学の浄月潭校の学生たちも帰省が始まっている。タクシーがなかなか来ないのも頷けた。こんな状態では、長春駅広場も学生たちであふれていることだろう。その混み具合が想像できた。長春市内には三六大学があり、四〇からの専門学校があった。いずれも全国から学生が集まってきていた。その殆んどの学生の帰省という大移動が始まっていた。

学生たちの帰省が始まった翌日は、校内もがらんとしていた。ときおり学生たちの姿は見かけるが、閑散とした空気は否めなかった。

今日は帰省を見合わせている張変変さんと南慧芳さん、それに楊斌君と吉林市への小旅行を決めていた。もともと張変変さんと南慧芳さんとで小旅行を計画していた。そこへ私が参加したのだ。そして三人での行き先が吉林市になった。そんなところにまだ帰省しないで食堂にいた楊斌君を、「吉林市へ旅行するけど、一緒に行きませんか」と誘った。楊斌君にしてみれば、恋人の住む街である。喜んで、「行きます」と応えていた。

私たちは大学の西門の前からタクシーを拾った。昨日、素通りしたタクシーは、私たちの姿を見つけると、自分のほうから寄って来た。すぐに楊斌君が料金交渉をした。行く先は、衛星街の特別快速バスの発着所である。当初、列車の旅も考えたが、発車時間の関係もあってちょっと高めだが特別快速バスにきめた。一人片道三二・五元である。特別快速バスは本数も多く頻繁に発着していた。長春駅へと向かう通りは、たぶん昨日と比べてだいぶ流れが良くなっているのだろう。渋滞に巻き込まれてもすぐに解消された。昨日だったら長春駅まで二時間近くかかったかもしれない。夜行で帰ると言っていた学生たちは無事に乗れたのだろうか、気になった。日本のラッシュ時の比ではない、学生たちの大移動だ。

衛星街の吉林市へ向かう特別快速バスの発着所では、やはり大混雑していた。まだ帰省する学生たちが残されていて、発着所の外の通りまで帰省者であふれていた。

「先生、私が切符を買ってきます」

大混雑状態の発着所では全員が切符売り場に行くのは無理と思ったのだろう。楊斌君はそう言い残して、大混雑の中を分け入るように進んで切符売り場へと向かった。私たちは大混雑を避けて、通りに出て待っていることにした。すると、それほど待つことなく楊斌君が戻って来た。

「こちらです。行きましょう」

彼は私たちを見つけると、先になって再び大混雑の群れの中を泳ぐように進んでいった。私たちは彼の後を追う様にして特別快速バス発着場所へと向かった。彼のおかげで、切符を手に入れた私たちは、発着場所に止まっていた吉林市行き特別快速バスに運良く乗れた。二〇分も待つことなく、吉林市へ向かって特別快速バスは発車した。長春市内を抜けるのに時間がかかったが、高速道路に出ると一時間半ほどで吉林市へ到着するのだ。途中は長春国際空港への道であり、トウモロコシ畑が延々と広がっていた。トウモロコシ畑は緑の茎や葉を生い茂らせている。長春国際空港への道を更に進んでいった。やがて吉林市に近づくにしたがい小高い山が現れた。小高い山が近づくにつれて、トウモロコシ畑も次第に狭まっていった。すると、今度は水稲の広がりを見せ始めた。お米が作られているのだ。だが、それも次第に山並みに奪われてしまった。

昨日までの学年末試験が忙しかったのか、楊斌君や張変変さんたちは初めてだという吉林市の、緑に覆われた大地を見つめることも無くいつの間にか眠っていた。乾燥した長春市に比べて、吉林市は緑豊かな大地である。市街の中心を流れている大河松花江が緩やかに流れているからだろうか。それほど高くはないが、山林に囲まれていることからも緑の豊かさがうかがえる。それにしても今日も暑い。すでに夏の盛りである。連綿と続いた山々の緑の風景が遠のくと、特別快速バスは吉林市の広々とした街に入っていった。

すでに何度も訪れている吉林市街であるが、いつも心が弾む思いは変わらない。理由の一つにはやはり大河松花江のゆっくりと蛇行して流れる様を、岸辺の柳並木の散歩道から眺める美しさにある。そしてもう一つは「満洲作家」の一人である、「作文派」の秋原勝二氏の青春時代を通して見つめる、吉林市の一つの歴史である。更には先般、我孫子先生たちと行った高句麗の都、集安市と同じく吉林市にもまた高句麗の山城があったところである。秋原勝二氏とは三年まえに、植民地文化研究会の例会で、氏の居住される逗子市に出掛けて、二度ほど講演会を開き、会ったことがある。「満洲」で子供の頃から育ったことから、氏はそのころの自分のアイデンティティを「一番胸に灼きついたのは土着民の生活でした。自分らが今迄軽視しがちだったこの土地は、誰よりも彼らによって愛されているのに今更気づいたのでした。僕は愛していた筈の故郷に失望して戻った」といって作品『夜の話』（「作文」第二五輯昭和十二年五月・一九三七年・大連にて）で書いていた。私が会った頃は既に九二歳になっていたが、何時間でも話を続けてくれた。その上、会食までも一緒にとったりした。足腰も達者であり、食欲もあって元気そのものであった。「満洲」時代に発刊し続けた『作文』は、時局によって廃刊となったが、敗戦後、暫くして同人たちの力で再発刊された。発刊の中心になっていたのは青木実であったが、彼の死後は秋原勝二氏が引き継ぎ、彼が百歳になるまで続けられた。廃刊間際には年々、同人たちが他界しているのが現状であった。それでも命の続く限り発行し続けていくと語っていた。なんともエネルギッシュなすばらしい人生である。常に作品は「満洲」から離れることはなかった。秋原氏からは、雑誌『作文』の発行のたびに送られてくるようになった。それを読むと、生きることはもちろんのこと精神的にも励まされることが多かった。

いずれにしても私にとっては多くのことが吉林市の中に詰まっていた。特別快速バスは吉林市街の旧市街を走った後、終着点に辿り着いた。その終着点には楊斌君から連絡を受けたのだろう馬楠さんが待っていてくれた。吉林市は馬楠さんの故郷である。

「先生、今日はこれからどこへ行きますか」

私たちが特別快速バスから降りると、馬楠さんは笑顔になって訊いてきた。

「そうですね。まずは北山公園へ行って、吉林市を一望したいですね」

以前日本社会文学会の国際シンポジウムで来た時、呂元明先生に案内された思い出の場所である。

「分かりました。これから吉林駅に向かいます。それほど遠くではありません」

馬楠さんはそう言うと、張変変さんや南慧芳さんたちと早速おしゃべりが始まった。中国語の早口では何を言っているのか私には分からない。楊斌君は彼女のそばに寄りたいのだが、私がいるので今日は遠慮していた。

北山公園に行くのには、吉林駅前からバスに乗らなければならない。私たちは歩いて吉林駅へと向かった。吉林駅前には「満洲鉄道」時代の吉林事務所と思われる茶色に染まった三階建ての建物が見えた。吉林鉄路分局旅行社の看板が入り口の左塀の上に立てられていた。正式な名称は道路を隔てているので、建物の横にかけられた看板からは読み取れなかった。吉林駅前は長春駅前に比べるとそれほど広くはない。馬楠さんはみんなを案内してバス停へと向かった。タイミングが良いのか、北山公園へ行くバスが止まっていた。「このバスに乗ってください」と馬楠さんはみんなに伝えた。

北山公園行きバスに乗ると、市内を西へと戻るように走った。西は旧市街なので、まだ古い建物が所々に残されていた。建物の様式からして「満洲」時代の建物だと見受けられるものも多い。

北山公園は小高い山の中腹に「佛」の一字が公園広場を見下ろしていた。そこには平安鐘楼が立てられて居る。平安鐘楼の中には華麗な色彩に包まれた大雄宝殿や、有名な関帝廟、薬王廟など巨大な像が堂内に建立されていた。呂元明先生に連れられて初めて訪れた時は時間も遅く、これらの建物を見学することは出来なかった。今回は改めて北山を登って平安鐘楼に入ってみて驚いたのである。

北山公園には大勢の観光客が集まっていた。ぞろぞろと平安鐘楼に向かって坂道を登って行く。私たちもそんな観光客の後ろについて上り始めた。途中で出店のような土産物を売る店なども見受けられた。「買って行きなさい」と声を掛けられたが、私たちは先を急いでいた。平安鐘楼付近にたどり着くと、浄月潭の山寺でも見た黄金色に覆われた仏たちが堂内を所狭しと、鎮座していた。その仏たちの前に膝を折って叩頭する台座が設けられていた。集まった参拝者は次々と心を込めて台座に叩頭し祈りを捧げていた。堂内の入り口付近には、巨大な線香を燃やし、祈りを挙げている人もいた。その線香たるや、一つとっても日本とはおよそ趣は異なっていた。何しろ一本が一人では持てないほどの大きさのものもある。そんな大きいのは稀にしか燃やしていないようだが、直径五センチぐらいなのは、かなり燃やされ煙を上げていた。それらは一様に柵に立てかけられている。日本のように線香を受ける香炉もあったが、それほど線香の煙は立っていなかった。見ていると、尼僧が現れた。尼僧は日本の衣装と違わない作務衣を着ていた。私たちは尼僧の姿を追いながら、安い線香を買い、形ばかりのお参りをした。それから吉林市内を一眺めして平安鐘楼を下った。

北山公園は、平安鐘楼以外にも山を散策して眺望を楽しめるところが幾つかある。しかし、お腹も空いてきたので吉林市内のレストランで食事をとることにした。北山公園の池のある広場に着くとタクシーを捜し始めた。市内に出るにはタクシーが便利である。楊斌君がタクシーを探していると、馬楠さんが私に言った。

「母が夕食を準備しているので、是非、家に来て夕食をとってください」

突然の申し出に驚いていると、さらに続けた。

「先生、明日帰ってください。母もそうお願いしてくださいと言っていました」

「これから、ホテルを探すのですか」

理由が分からないので、不安な気持ちになった。

すると、張変変さんが私に向かって言った。

「私と南さんは馬楠さんのところに泊まります。先生と楊斌さんはホテルに泊まってくださいませんか」

すでに平安鐘楼から下るときに彼女たちで話し合っていたのだろう。変変さんも南さんも同意していたようだ。

「ちょっと待って、今回は日帰り旅行として出発したので、大学には連絡しないで来たのです。

私が長春市内から宿泊で出かける時には、必ず学部長に行き先を知らせなくてはならないのです」

私はそう説明していた。いずれにしても吉林市は隣の市だし、日帰りと決めていた。

タクシーを拾って戻って来た楊斌君にも馬楠さんは話を伝えた。

「私はかまいません」

楊斌君はむしろ喜んで言った。二人の女性たちもうれしそうである。学生たちの喜んでいる顔を見ると、「帰ろう」とも言えない。私は何時しか「没法子《メイファーズ》（仕方がないか）」と諦めていた。だが、よく考えてみると馬楠さんの母親の思惑が分かった。娘の恋人である楊斌君に会ってみたいということだ。娘が付き合っている男性がどんな男性なのか、母親としては心配なのは当たり前だ。馬楠さんは母子家庭で育った。子供のころには父母が別居していた。そして現在もその状態が続いている。

「分かりました。お伺いしますとお母さんに伝えてください」

タクシーを拾うと馬楠さんの家の近くのレストランへと向かった。そこからは龍潭山公園が近いという。

彼女のマンションから近くだという新しい建物の、店内の広いレストランで食事を取った。だが、そこは意外に客は少なかった。私たちは中華料理を前にして、一時間ほどビールを飲みながら会食した。学生たちはおしゃべりに花を咲かせていたが、食事を済ますと次に向かった先は予定通り龍潭山公園であった。日差しは益々強くなってきていた。龍潭山公園は小高い山全体であった。公園内は木々が鬱蒼と茂っているのでかなり涼しい。それでも、公園自体はどこも先ず登り道から始まるのだ。九十九折もあるというアスファルトの道を避けて、森林に囲まれた階段状の道を行くことにした。歩き始めると小さな羽虫が飛び交って、目に入り込んできた。女性たちは、「キャー」と言いながら走り抜けていた。いずれにしてもここは自然豊かな公園である。ほどなくすると目の前にシマリスが長い尾を引きずりながら、素早い動きを見せて現われた。「おおっ」と歓声が上がる。予期していなかった小動物の歓迎にあったのだ。シマリスは人を恐れる風も無く、またそそくさと茂みの中に消えていった。ところが直ぐに次のシマリスが現われた。私たちはそっと近づいて行った。すると、そばにあった木に慌てて登り逃げてしまった。シマリスはかなり生息しているのだろう、行く先々で見かけた。

私たちは龍潭山の中腹で、高句麗時代に作られた山城の土塁と見られる一部分を見ていた。一人の老人が寄ってきた。私たちの日本語が気になったのだろう、断片的な日本語で話しかけてきた。だが、なかなか次の言葉が出ないようだ。日本語を思い出そうとしている。私は興味をいだいて質問をしてみた。

「日本語がわかりますか」

すると老人はにっこりとうなずいてから、学生たちに話し始めた。

「満洲時代、吉林師範大学に学んだことがある。今は九三歳にもなった」

学生たちは興味を持ってさらに聞き出す。老人は次第に目を輝かせながら、当時の話をし始めた。それは敗戦末期の関東軍とソ連軍との交戦の話である。

「六〇万、七〇万人とも言われた関東軍が、ソ連軍に一気に攻められて逃げて行った。重慶政府の国民党軍に満洲国軍はなすすべも無く崩壊し、通化附近では激しい闘いがあった。そのあと溥儀は国民党軍に捕まってしまった」

学生たちは真剣な顔をして聞いているので、老人は中国語で捲し立てていた。しかし、老人の認識はまちがっていた。溥儀はソ連軍に瀋陽で捕まり、ソ連のチタに移送されたのだ。老人の名は李文林と言い、満洲鉄道にも勤めたことがあると言う。パンフレットにはこの龍潭山の古城遺蹟は高句麗が滅んだあと、建国した渤海国時代のものであると記されている。周囲二三九六メートル、現存遺跡は龍潭（水牢＝貯水池）、旱牢各一箇所があるだけだ。ただし、ここには清朝、乾隆帝の時代に建立された龍鳳寺があり、同寺を囲んで幾つかの廟（竜王廟・関帝廟・観音廟）がある。私たちは暫く老人の話を聞いてから、龍鳳寺へと向かった。北山公園でも見た極彩色豊かな寺院と同様の建物の中に、金色の仏像が安置されていた。ここには数年前にも呂元明先生に連れられて来たことがある。人影も少なく参拝者も居なかった。寺の前の左手にやや幅広の石段があり、下ると水牢があると標識が立っていた。寺を見てから直ぐにその石段を降りて行った。木々に囲まれた石段に時折、シマリスが顔を出し、尻尾で立って頻りと手を合わせていた。遠くを眺めやっているのではないのだろうが、そんな姿である。

石段を下ると東西四七メートル、南北二二メートルの水牢は水藻が繁茂していた。そして、緑青色に澱んだ水が溜まっていた。水深はどれくらいあるのだろうか、パンフレットによると最も深いところで一一メートルとの事である。しかし、現在では定かではないようだ。周囲は石積みによって作られていた。これが造られたのは高句麗の時代三九一年から四一二年に渡ってであり、城内の兵士と軍馬のための水源であった。旱牢は山城の物資の貯蓄倉庫であった。この水牢で男性三人が泳いでいた。初めから泳ぐ目的で泳いでいるのか、皆水泳パンツを履いていた。水牢の周辺には涼を楽しんでいるのか、彼らを見ているのか分からないが、多くの人たちが思い思いの場所に腰を下ろして彼らを眺めていた。

「ドッボン！」

また一人、音を立てて男の人が飛び込んだ。彼は平泳ぎとクロールでゆっくりと泳いでいた。ほどなくすると更に二人が飛び込み、六人が泳ぎだした。彼らにとっては格好のプールなのだろう。私たちは石段に腰を下ろして、しばらく涼をとって眺めていた。

龍潭山公園は名前の通り龍の伝説もあったが、今は大人たちの遊び場のようである。私たちは立ち上がると、旱牢の方には行かずに山を下った。

龍潭山公園を出てタクシーを拾い、ホテル探しを始めた。なにしろ夜になってのホテル探しは難しい。馬楠さんが探してくれたホテルは「皇家花園酒店」であった。ここは温泉ホテルのような建物である。五〇五号室を予約して汗で汚れた下着類を取り替えるために買い物に出た。私たちは日帰り予定だったので、誰もが着替えを持ち合わせていなかった。

馬楠さんのお母さんへの土産には赤ワインを買う。「母は赤ワインが好きだ」と馬楠さんが教えてくれた。買い物が終わると、夕食の時間には少し早かったが、馬楠さん家へと案内された。彼女の家は瀟洒な新しい高層マンションで、四階にあった。玄関に入ると、すぐにかなり広い部屋があり、きれいに整理されていた。別居しているお父さんは別な都市に住んでいるとのことだ。いつもお母さんが一人で生活していると話す。その為か室内は薄いピンク色に染められたかのようで、どこもかしこも女性の雰囲気が漂っていた。全く父親の影が見当たらない室内である。そんな室内に通され、母親を紹介された。馬楠さんの母親はかなり若く見えた。それに馬楠さんとは異なり、細面の優しい顔をした美人である。

母親は挨拶すると、私たちをソファーに案内した。

普段はゆったりと寛いだ生活をしているのだろう。少し大きめのソファーの前には、大きなテレビが設置されていた。女性たちは部屋に興味をいだいたようで、馬楠さんの部屋へと入って行った。楊斌君も女性たちの後について中に入ったが、直ぐに馬楠さんの部屋のパソコンに目が行ったようである。

「友達にメールを送るので貸してください」

などと言うと、パソコンの前に座って食事に呼ばれるまで戻らなかった。

張変変さんと南慧芳さんは私の横に座り、テレビを見ている。

「先生、これが私の写真集です」

私が手持無沙汰だと思ったのだろうか、馬楠さんは高校時代の写真や子供時代のアルバムを持ってきた。私にアルバムを渡すと、母親の手伝いをするためにキッチンへと向かった。アルバムにはやはり父親の写真はほとんどなかった。

夕食は料理の並んだテーブルについて、中国語が飛び交って賑やかだった。ただお母さんはそれほどみんなの仲間には入らなかった。それでも娘の成績だけは気になるのだろう、少し曇りがちな顔で私に問いかけてきた。

「娘は、余り日本語が上手ではないです。我が家に帰ってきても、勉強のことはあまり話しません。大丈夫なのでしょうか」

「前期は成績も良かったけれど、どうしたのか後期は少し努力が足りなかったですね。頑張ればできるのですから、お母さんも励ましてください」

私は正直なところを伝えた。それから母親の隣に座っている馬楠さんにも言葉を添えた。「いよいよ三年生になるので、夏休みを有効に使って日本語の勉強をしてください。ともかく日本語を聴くこと、話すこと、そして書くことを続けてくださいね」

馬楠さんには伝えた言葉だったが、むしろみんなに伝える言葉でもあった。ビールが出されると珍しく楊斌君が飲んでいた。かれは饒舌になって大学生活について馬楠さんの母親に聞かせていた。私も注がれるままにビールを飲んでいた。

食事が終わって後片付けをみんなで始めると、私は邪魔なのでソファに坐ってテレビを観ていた。ほどなくすると、とても眠くなってしまった。

「そろそろ、お暇させてもらいます」

私は眠気を振り払うようにしてお母さんに伝えた。

「先生、私たちは先生を送って行きます」

宿泊が決まった女性たちは元気な声で言った。

「私も送らせてもらいます」

馬楠さんの母親も気を遣って、途中まで送ってきてくれた。

「すぐ近くに松花江が流れているから、行ってみませんか」

馬楠さんが電灯の少ない暗い道を歩いていると、突然問いかけてきた。

「行ってみたい。先生、歩けますか」

学生たちは口々に言い始めた。私たちは電灯の明かりの少ない夜道を、松花江の畔へと向かった。しばらく歩くと川風が涼しく街灯の火が川面に輝いて映ってる松花江に着いた。

「きれいですね！」

張変変さんと南慧芳さんは声をそろえて叫び声を上げた。

私たちは川風をうけながら松花江の畔を歩き続けた。

松花江の畔を歩いていると岸辺に降りる階段があった。そこには大勢の人たちが集まり、松花江の風と波音を楽しんでいた。子供連れの家族も居れば、恋人同士のカップルも居た。そして護岸には木造の帆船が一艘横付けにされて、散歩者を楽しませるように繋がれていた。帆船は乗り降りが自由である。川に浮かんで航海しているような気分を与えるのか、足元の暗い板を張っただけのタラップを何人も上っていく。楊斌君たちも帆船に乗るというので付いて行った。帆船へ渡ると、中ほどに手摺があった。しかも手摺はつかむのには低い。波が強ければ煽られて落ちそうな感じを抱かせた。しかし、考えてみるまでもなく、ここでは松花江の柔らかい風が吹くばかりである。風にあおられて松花江に落ちる心配などいらなかった。

一頻り、松花江の川岸を私たちは波音を聞きながら歩いた。通りは薄暗い街灯だけである。車が通り過ぎるたびに光るヘッドライトの明かりが、人々の姿を映し出すかのようだ。松花江の向こう岸にはマンションやビルの明かりが見えた。遠くには松花江に架かる橋の上を渡る車の明かりも小さく見えた。

馬楠さんと女性たちは私たちをホテルまで送ってくれた。

松花江の岸辺を散歩する

朝、目を覚ますとドアをノックする音が聞こえた。いや、ノックの音で目を覚ましたのだ。ドアを開けると、すでに出発の準備をした女性たち三人が笑みを浮かべて立っていた。

「お早うございます」

私たちを見ると一斉に頭を下げた。

「先生はいつも六時に起きるというので、私たちは六時に朝食を済ましてきました」

張変変さんが咄嗟に、笑顔になって言った。

「朝食を持ってきました」

馬楠さんが、ビニール袋に入った朝食を私の前に突き出した。

「ありがとうございます。お母さんが作ってくれたのですね」

唐突に出された朝食の入ったビニール袋を手にして私は言った。

「いえ、私たち全員で作りました」

今度は南慧芳さんがにこにこしながら言った。私たちにも料理は出来ると言いたげである。

「先生、私たちはロビーで待っていますから、食事をとってください」

張変変さんが言うと、三人はロビーへと下がって行った。私は疲れが残っていて、食事は取れそうになかった。楊斌君も同じである。

「私はベッドが変わったので余り寝れませんでした」

楊斌君はぼんやりとした頭を抱えて、またベッドに倒れてしまった。

「楊斌君、ともかく食べてロビーへ行かなければ」

彼にそう言ってビニール袋を開けた。中には、パックに詰められた野菜と肉があった。もう一つのパックにはお粥がたっぷり詰められていた。やっぱり中国では朝はお粥である。昨日の体の疲れを取るためにも胃に負担のかからないお粥は合理的である。私たちはお粥だけを食べた。それからシャワーを浴びた。女性たちが待つロビーへと降りて行った。

ロビーのカウンターで清算が済むと私たちはホテルを後にした。

「今朝はどこへ行きますか」

ホテルを出ると馬楠さんの質問が飛ぶ。

「松花江の川岸に立っている、古い天主教堂の建物を見に行きましょう」

松花江の川岸を走る大通りに沿って立つ天主教堂をもう一度見ておきたいと思ったのだ。早速、楊斌君がホテルの前でタクシーを拾おうとした。手を振ってタクシーを止めた。すぐに行き先を伝えて、交渉が始まった。だが、ほどなくするとタクシーは行ってしまった。

「どうしたのですか」

不審に思って私は彼に訊いた。

「五人乗りは駄目だと断られてしまいました。でも、だいじょうぶです」

楊斌君はホテルから少し離れて、流しのタクシーをまた拾いに出かけた。

「先生、だいじょうぶです。来てください」

楊斌君は自信たっぷりな表情で私たちを迎えに来て言った。なんだが人が変わったように自信に満ち溢れている。昨夜の馬楠さんの家で、母親に対しても闊達に話せたことが自信につながったのだろうかと思った。

タクシーのドアが開いて、私が運転手の脇に座る。学生たち四人は後部座席に固まりあって乗り込んだ。

「タクシーは二台でも良かったのに」

学生たちの荷物のように重なって入り込んだ姿を前の席から見ながら楊斌君に言った。

「心配いりません。私たちは慣れていますから」

女性たちが声をそろえて言った。楊斌君は隅に押しやられて、細い体が更に細く見えた。タクシーが走り出すと、昨夜の松花江の川岸の散歩道に出た。その川岸通りを南に下って行く。ほどなくして天守教堂の尖塔が柳並木の緑の奥から見えてきた。

「あれですよ。あれが天守教堂です」

私は再び見ることができた天守教堂に感動して、後部座席に詰まった学生たちに声をかけた。するると馬楠さんは興味が無いかのように言う。

「私はこの辺りにはあまり来ません」

言われてみれば、そうかもしれないと思った。感動しているのは私だけかも。同時に哈爾濱のソフィア大聖堂を思い出していた。そして、昨夜はこの辺りまで来たかったのだ、とまた自分に語り掛けていた。天守教堂は一九世紀に立てられた建築物で、黒ずんだレンガ造りのゴシック建築である。

教堂で結婚式を挙げたカップルなのか、建物をバックにして、純白のドレス姿の新婦とベストドレッサー気取りの新郎が芝生の中でポーズをとっていた。カメラマンが頻りとシャッターを切っていた。女性たちは結婚式の雰囲気に感動したのか声を上げて羨ましがっていた。

「そのうち必ず皆も同じ事をするから」

吉林市、松花江沿い天守教堂(松花江の岸辺を散歩)

慰めの言葉を送りながら私たちはタクシーから降りた。

「私たちにも写真を撮ってください」

楊斌君が天守教堂の写真を撮り始めた私に言った。

「じゃ、天守教堂をバックにして並んでください」

学生たちは言われる

ままに天守教堂をバック並んだ。表情が硬いので、「笑一笑《シャオイーシャオ》」（笑って）と学生たちに言てシャッターを押した。天守教堂の写真を何枚か撮った。それから松花江を背景とする写真も撮った。

「少し散歩をしましょう」

私はそう言うと、再び松花江の散歩道に出て行った。散歩道にはペチニア、サルビア、青紫のラベンダーの花などが花壇に植えられ、道行く人の目を楽しませていた。

「はい、変変さんそこに坐ってください」

「私だけですか」

「そう、みんなのスナップ写真をこれから撮ります」

私は女性たちのスナップ写真を撮った。

「後で、皆さんに差し上げますからね」

「先生、私のはどうなりますか」

楊斌君だけ撮らなかったので、彼は訊いてきた。

「お花畑に、楊斌君では似合わないよ」

笑いながら答えた。

「そうですね」

彼も納得して、笑った。馬楠さんと一緒の写真が欲しいと思ったのだろうと推測したが、それについては何も言わなかった。いつの間にか小雨が降り始めてきた。一過性の小雨だろうと思いながら雨宿りするところを探した。

道路を隔ててホテルが建っていた。その一階に瀟洒なコーヒーショップらしい部屋を見つけた。

「ちょっと見て。あれはコーヒーショップではないですか」

私は馬楠さんに訊いた。

「そうですね。でも誰もいません。明かりがついていないです」

「行くだけ行ってみよう」

コーヒーが飲みたくなって私は言った。昨日から大好きなコーヒーを飲んでいなかった。往来する車の流れを見ながら大通りを急いで渡った。誰もが慣れている渡り方である。中央までとりあえず出て、車の流れが止まると渡るというやり方である。近くにはもちろん信号などない。

ホテルのロビーの先にレストラン風の喫茶室があった。外から見て瀟洒なと感じた部屋である。入口のすぐ脇には二階へ上がる階段があった。楊斌君が係員にコーヒーを飲みに来たと告げていた。係員は私たちを、「ご案内します」と言って二階へと案内した。そして窓際の席に座るように指示した。大きなガラスが取り付けられて、松花江の流れが一望できる場所だった。私たち以外に客はいない。すでに宿泊客は出払っていたのだろう。私はメニューを見ることなくコーヒーを頼んだ。

「先生、ここはなんでも高いです。私たちはいいです」

係員に渡されたメニューを見ていた学生たちは値段が高いと遠慮した。

「好きな物を注文していいですよ。私のおごりですから」

するとと安心したのか、フルーツのたくさん入ったポンチをそれぞれが注文した。

松花江を眺めていると先ほどの花嫁たちを乗せた車であろうか、ピンクの風船をたくさん取り付けた黒塗りの車が走り抜けて行った。その後からもピンクの風船を取り付けた車が一〇数台も続いた。学生たちは先ほど同様に食い入るようにピンクの風船を取り付けた車を眺めていた。うらやましさと憧れなのだろうか、女性たちは何かを話していた。フルーツポンチがテーブルに出てくると、楊斌君も加わって食べながらおしゃべりをはじめた。私はコーヒーの香りを楽しみながら、暫くは小雨の降り出しはじめた街路の先に流れる松花江を眺め続けていた。松花江の対岸の建物群がかすんで見えていた。

ホテルのコーヒーショップを出て、次に向かったのは松花湖であった。タクシーを止めると楊斌君の値段交渉が始まる。交渉が終わると先ほど同様に、私だけが前に座り四人は後部座席に詰め込まれた。松花湖にはダムがある。そのダムを見学し、出来れば遊覧船にでも乗りたいと思っていた。タクシーは市街を走り抜けると、やがて山間の道を長いこと走った。いつしか松花江の支流へと入っていった。松花江の支流を更に遡って行くとダムに到着した。しかし、ダムに到着するとタクシーはすでに予算をオーバーしていた。ダムの前でタクシーを降りると、その旨を楊斌君に伝えた。

「かまいません。ここで終わりにしましょう」

楊斌君は即座に答えてくれた。女性たちにはその旨を伝えた。残念な気持ちもあったが、私たちはダムを背景にして写真を撮ったりして時間を過ごした。帰りのバスが来ると、それに乗った。幸いだったのは全員が座席に坐れたことである。バスは吉林駅まで行くとのことである。

バスに三〇分ほど乗って吉林市内に入り、やがて終着点の吉林駅前に着いた。時計はまだ午前中の一一時半を回ったばかりだった。それでも昼食を取って帰るには丁度いい時間であった。食事を終えれば、長春行き特別快速バスが吉林駅前から出ていた。幸いにも特別快速バスの発着場から数件目に適当なレストランがあった。馬楠さんだけは名残惜しそうに言葉少なくなっていた。

レストランに入ると、朝食をお粥しか食べていなかった楊斌君は「お腹が空いた」を連発していた。料理は野菜をいためたもの、魚類と肉類の煮込んだものを注文した。料理が運ばれてくるまで女性たちはまたおしゃべりを始めた。

「日本語で話してください」

楊斌君が女性たちに言った。

女性たちは私と話す時だけは一生懸命日本語を使って話していた。しかし、自分たちだけで話すときはどうしても中国語である。

「まだ、日本語で話すことは上手にできません」

南慧芳さんが楊斌君にそう言い返していた。

「みなさんは日本語の勉強をしているのでしょう」

楊斌君は私の口調を真似でもしているのか、なおも執拗に女性たちに言った。私は笑いながらやり取りを見ていた。

注文した料理が出てくると、楊斌君は私のほうを見ながら言った。

「先生、お先に食べてみてください」

「どうぞ、みんなで食べてください」

私は手を差し伸べるようにみんなに言った。

「いただきます」

私の合図でも待っていたかのように、学生たちは一斉に食べ始めた。日本と異なって、ご飯は出てこない。料理でお腹をいっぱいにするのだ。楊斌君だけではなかった。馬楠さんの家に宿泊した二人もお腹が空いていたようだ。「美味しいです」を連発して食べていた。楊斌君はもちろんのこと、張変変さんも馬楠さんもよく食べた。しかし、小柄な南慧芳さんは直ぐに「お腹が一杯です」と言って終わってしまった。

皆、お腹を膨らませ満足してレストランを出た。誰もが「おいしかったです」と言っていた。レストランを出ると、「切符を買いに行ってきます」と楊斌君は特別快速バスの切符売り場へと走って行った。残った私たちは楊斌君の後ろ姿を眺めながらゆっくりと歩いて発着場所へと向かった。

楊斌君は今回の旅行中、会計係を担当してくれた。交通関係は全部彼が買いに走ったり、支払いをしたりしてくれた。おかげで大いに助けられた。そんな積極的な彼を見ると、なんだか彼の急成長を見る気がした。いつしか彼は自信をつけているようだった。

ほどなくすると楊斌君が切符を買って戻って来た。一人一人に、「なくさないでください」と言いながら切符を渡した。彼はいつでも日本語を使おうしていた。

バス構内への入場が始まって乗客たちの移動が行われた。待合室からバスが駐車している構内まで歩く。馬楠さんは我々を見送るために一緒に構内へと入った。

「お母さんが『お土産をありがとうございました』と言っていました」

馬楠さんはバスに乗ろうとする私に言った

「突然、お邪魔をして申し訳なかったです。それに美味しい料理までいただいてありがとうございました、とお母さんに伝えてください」

私は感謝の言葉を述べながら彼女と握手した。学生たちも馬楠さんと別れの握手を交わしながら一言二言お礼の言葉を伝えていた。

「新学期が始まったら、また会えるのだから」

楊斌君が女性たちの別れの挨拶の長さが気になったのか、車内へと促すように言った。

みんなが車内の座席に着くと、窓の外に馬楠さんだけが取り残されたようにぽつんと立っていた。張変変さんたちはガラス窓を開けて、馬楠さんに手を振った。彼女もまた手を振って見送っている。楊斌君は何か言いたげだったが、黙って手を振っていた。やがて特別快速バスは予定時間になって動き始めた。

特別快速バスは馬楠さんを置いて走り始めると、吉林市内を突き抜けるようにして、昨日来た時と同じ高速道路に出た。そして長春市へと向かって速度を増した。私たちは皆疲れていたのだろう。たちまち頭を横にもたれて眠り始めた。


大学には三時半ごろに帰ることができた。楊斌君は五時半には寮を出て、故郷の山海関に帰るという。山海関は万里の長城の始まりのところだ。私は一度部屋に戻って、五時に張変変さんと南慧芳さんと一緒に、吉林市旅行の写真を写真店に出しに行く約束をした。写真店の帰りには夕食を共にする約束もした。約束の時間になると、校門前に三人が集まった。最初に写真店に行き、デジカメのチップを渡して写真をお願いした。それから近くの朝鮮料理店へと出かけた。朝鮮料理店は朝鮮族の家族が店を開いていた。私たちは学生たちのいなくなった店内の空いている席に着いた。張変変さんはカレーライスを食べ、南慧芳さんと私が石焼ビビンパを注文した。南慧芳さんは朝鮮族である。辛い食べ物が好きである。運ばれてきた石焼ビビンパにたっぷりと唐辛子を足していた。家族で営む朝鮮料理店にはクーラーだけでなく扇風機も無い。二階の窓から入り込む風が唯一の涼である。私たちは汗を流しながら石焼ビビンパやカレーライスを食べた。

「友達にトウモロコシを買って帰ります」

食事が終わると変変さんは私たちに言った。特別用事があるわけでもない私たちは彼女に付き合って、露店の並ぶ広場に行ってトウモロコシを買うことにした。すでに夜店も出ていて、裸電球をともして棗《なつめ》の甘菓子などが売られていた。スイカも売り始めていた。私たちは露天のトウモロコシ屋の前で、トウモロコシの焼けるのを待った。炭火の上に網を張って焼くのだが、おばさんが何度も味付けをしてはトウモロコシを転がしていた。変変さんはトウモロコシの焼けるのをじっと見つめていた。

私たちは校内に入るとすぐに分かれた。突然、肌寒さを感じる風が流れて行った。校内に風が走り抜けていくのだ。雨が降る前兆である。私が部屋に戻ると、窓の外が賑やかにざわめいた。窓の外では激しい雨と風が吹き荒れていた。木々が横倒しになるくらいに揺れている。すると、鋭い光線が走り辺りが一瞬明るくなる。稲妻が走ったのだ。雷鳴も間髪いれずにゴロゴロと大きく響いた。中国で初めて見る凄さである。しかも、それは三〇分以上も続いた。だが、雷が去った後は辺り一面静かな夜を取り戻していた。

楊斌君は明日の朝に故郷の山海関に着くと言っていた。そう言えば多くの学生たちは故郷に戻り、家族と共にすごしている頃である。南慧芳さんは「私も帰りたい」と漏らしていた。彼女の両親は共に韓国へ出稼ぎに出ていた。帰りたい家には誰もいないのだ。弟が一人いるが彼もまた高校の寮から故郷へ帰ることはないという。今夏は長春でアルバイトをして過ごすと話していた。南慧芳さんの学費は両親の韓国への出稼ぎで成り立っている。帰りたいというのは張変変さんも同じである。

「明日から、私一人が寮に残る」

トウモロコシの焼けるのを待ちながら寂しそうに言っていた。彼女にも帰れない事情があるのだろう。河本先生ももう四年も日本に帰っていないという。我孫子先生の奥さんは二日後に帰国する。そして一週間もすると我孫子先生が帰国する。皆それぞれまた新しい人生の一ページが待っているのだ。後日談ながら耳にしたのは、大学を卒業後の張変変さんは中学校の教師になった。そして結婚して二人の子供が生まれたという。しかし、ほどなくして夫を自動車事故で失くした。一人で二人の子供の子育てしながらの生活である。

あとがき

中国吉林省長春市にある、東北師範大学の外籍日本語教師として赴任してから、ずいぶんと長い年月が過ぎました。今年、年賀状が長春市から送られてきました。東北師範大学の劉春英教授からである。劉教授は年賀の中で、「長春から帰国なさって一〇年になります。長春にご滞在中、中日韓三カ国の学者が集まって交流する光景はよく頭の中に思い浮かんできます。あの時、私たちはまだ若くて、集まると自由に語り合い本当に楽しかった」と記していました。中日韓三か国の学者とは、中国東北師範大学教授呂元明先生、韓国東国大学名誉教授呉英珍先生、劉先生と私たちのことです。私には最も親しい人たちでした。真冬のマイナス一六度という寒さの中でも、よく集まっては会食をしたものです。その光景が今も脳裏に刻まれ懐かしく思い出されます。

私の作品の中に呉英珍先生は登場していません。作品ができる前に、母国ソウルで亡くなりました。呉先生は、ある日私の宿舎に「明日の朝、あなたに会いに行きます」と電話をかけてきました。その一年前には、脳溢血で倒れ、「呉英珍もこれまでだ」と言って死を覚悟していた矢先のことです。その呉先生が、「明日の朝」訪ねてくるとは冗談かと思いました。しかし、そうではなかった。呂先生と一緒に私の宿舎を訪ねてくれたのです。（呉先生とは日本社会文学会で、多くの国際シンポジウムにご一緒しました。その縁で親しくなっていた）。訪ねてきてくれたその日、呂先生の突然の希望に、「まだ当分帰国しないで居るのなら」と私の滞在を条件に付け、呉先生は人文学院の韓国学部の外籍教師を受諾しました。宿舎は私の隣の部屋で、新学期が始まる前ご夫婦で引っ越してきました。それから一年半、毎日顔を合わせ、どこへ出かけるのも一緒でした。劉教授はそんな日々を懐かしく思って、年賀の言葉に書き込んでいたのです。

ある意味、人生はすべて終わってしまえば夢のまた夢に過ぎない。その夢の中に、未来を見つめたそれぞれの人生があったのです。呂元明先生・呉英珍先生と亡くなった今、中国での思い出を描くことは、日本語教師として中国に渡った私の使命なのでしょう。

本書を通して海外で活躍する若い日本語教師、あるいはこれから海外へ出て活躍したいと願う若い人たち、そして中高年の人たちの未来を少しでも照らせればと願っています。その一方で、日本と中国との歴史的関係性も見落としてはならないと思います。とりわけ、日本が行った日中戦争という侵略行為によって、双方の人民がどれだけ悲惨な苦悩を味わったか。その一端でも忘れてはならないことです。中国の東北師範大学に赴任したのも、その歴史に対する踏査でもありました。

今日、中国の経済発展はすさまじい勢いです。深圳市などは世界屈指の国際都市です。しかし、四十年前に訪れた時、湿地の多い田圃で水牛が働いていました。本書に描かれた大学の前のデコボコ道も、今では高級マンションが林立した文教地域となっています。

そんな大きな変化を見せている中国。その東北部の日本語教師を続けた日々、同僚の先生方そして学生たちとの出会いは言葉に尽くせぬものがあります。多くは感謝です。

本書を刊行するにあたって、編集や幾多の助言をいただいた東京都立大学名誉教授・南雲智氏同僚であった安孫子教授（現青森中央学院大学教授）に深く感謝いたします。

また、論創社の森下紀夫氏には多大なご配慮をいただき、この場を借りて御礼申し上げます。

建石一郎

二〇一九年二月一三日

建石 一郎（たていし・いちろう）

著者紹介

1943年、東京に生まれる。
法政大学卒
2004年江戸川区役所退職
2005年中国東北師範大学外籍教師
2010年ウズベキスタン・タシケント国立経済大学
2011年スリランカ・ケラニヤ大学
2014年インド・ベンガルール、サクラ日本語センター
2017年ミャンマー・ヤンゴン、日本語教育センター
上記で、日本語中上級、卒論等を教える。
元日本社会文学会評議員
元厚生労働省モニターおよび事業仕分け人

著書

『福祉が人を生かすとき』（あけび書房）
『《満州国》文化細目』（不二出版・共同執筆）
『夢と希望を乗せて』（図書出版アルム）
『ラストエンペラーの居た街で』（あけび書房）

その他

柳絮《りゅうじょ》舞い散る街・長春で――私のセカンドステージ

2019年5月20日　初版第1刷印刷
2019年5月25日　初版第1刷発行

著　者　建石一郎
発行者　森下紀夫
発行所　論　創　社
東京都千代田区神田神保町2-23　北井ビル（〒101-0051）
tel. 03（3264）5254　fax. 03（3264）5232　web. http://www.ronso.co.jp/
振替口座00160-1-155266
装幀／宗利淳一
印刷・製本／中央精版印刷　組版／株式会社ダーツフィールド

ISBN978-4-8460-1842-9